互联网+智慧粮食

——粮食流通信息化建设白皮书

编 著　何　明　高　巍　潘　迪　陈希亮
　　　　郑　翔　刘方鑫　闫天国　赵广超

东南大学出版社
SOUTHEAST UNIVERSITY PRESS
·南京·

内容提要

粮食安全是关系我国国民经济发展、社会稳定和国家自立的全局性重大战略问题。党的十八大作出了"确保国家粮食安全"的重要决策,习主席强调"要把保障粮食供应能力牢靠地建立在我们自己身上"。目前,我国粮食安全面临严峻挑战,主要表现在:(1)"以陈顶新"问题。2015年4月,辽宁、吉林两省有的粮库发生以陈粮顶新粮,恶意套取价差补贴等事件,李总理作出重要批示,要求切实守住管好"天下粮仓"。(2)"硕鼠"问题。2013年8月,中储粮河南分公司"骗补案",骗取国家粮食资金7亿多元,揭开了中储粮系统运营监管中存在的巨大漏洞。鉴于此,本书针对粮食流通管理中存在的信息不流通、监管不到位等行业难题和技术瓶颈,运用互联网思维,从智慧粮食的基本概念、顶层设计、总体架构、典型应用等方面进行了深入探析,重点阐述"互联网+"技术与粮食的融合创新,有助于广大粮食行业从业者全面了解智慧粮食概况并掌握其核心,也有助于粮食行业管理者指导粮食信息化建设。同时,对"互联网+粮食"感兴趣的读者也能够从本书中获取相关的理论与技术知识。

图书在版编目(CIP)数据

互联网+智慧粮食:粮食流通信息化建设白皮书/何明等编著.—南京:东南大学出版社,2015.10(2022.1重印)
ISBN 978-7-5641-5989-4

Ⅰ.①互… Ⅱ.①何… Ⅲ.①粮食流通–信息化–白皮书–中国 Ⅳ.①F724.721-39

中国版本图书馆CIP数据核字(2015)第201401号

互联网+智慧粮食——粮食流通信息化建设白皮书

出版发行	东南大学出版社
社　　址	南京市四牌楼2号(邮编210096)
出 版 人	江建中
责任编辑	姜晓乐(joy_supe@126.com)
印　　刷	江苏凤凰数码印务有限公司
经　　销	全国各地新华书店
开　　本	700mm×1000mm　1/16
印　　张	11.5
字　　数	200千字
版　　次	2015年10月第1版　2022年1月第2次印刷
书　　号	ISBN 978-7-5641-5989-4
定　　价	39.00元

* 东大版图书若有印装质量问题,请直接与营销部调换。电话:025-83791830。

序
Foreword

习主席指出:"网络信息是跨国界流动的,信息流引领技术流、资金流、人才流,信息资源日益成为重要的生产要素和社会财富,信息掌握的多寡成为国家软实力和竞争力的重要标志。"随着互联网与云计算、大数据、物联网等信息技术的加速融合和不断创新突破,新一轮科技革命和产业变革正勃然而起,把互联网与传统行业结合形成的"互联网+",已经成为当今时代的热门课题。目前,传统粮食行业正处于向信息化转型的关键时期,这一课题带来的既是机遇,也是挑战,需要充分认识"互联网+"所释放的巨大能量,乘势而上,借力发展,积极探索粮食安全保障的新模式,加快推进粮食信息化建设。

李克强总理在第十二届全国人民代表大会第三次会议上作的政府工作报告中提出,"制定'互联网+'行动计划,推动移动互联网、云计算、大数据、物联网等与现代制造业结合,促进电子商务、工业互联网和互联网金融健康发展,引导互联网企业拓展国际市场"。信息化发展日新月异,是行业现代化水平的重要标志。目前,各行各业都从国家战略层面提出了发展规划与目标。正是在这样的背景下,基于"互联网+"技术的"智慧粮食"工程应运而生,并呈现出蓬勃发展的良好势头。

"十八大"报告中指出,要"加快发展现代农业,增强农业综合生产能力,确保国家粮食安全和重要农产品有效供给"。凸现了粮食安全的重要性:粮食安全是经济发展的前提条件、国家安全的战略基础,也是政治安全的命脉。2012年12月,国家粮食局下发《大力推进粮食行业信息化发展的指导意见》,为进一步明确粮食行业信息化发展的目标、原则、主要建设任务,促进粮食行业信息化健康有序发展提出了指导意见。这是粮食建设发展的现实需要,是顺应国家经济社会发展的时代选择,也是数字粮食建设科学发展的必由之路。大力推进智慧粮食工程,将粮食流通信息化作为粮食流通产业"转方式、调结构"的重要手段,使之成为加强粮食质量安全监管、增强粮食宏观调控能力、保障国家粮食安全的重要举措。

由于粮食流通信息化领域的研究成果相对匮乏,再加上我国智慧粮食建设刚起步,为避免在粮食智能化建设中缺乏顶层设计、应用系统分散开发、数据结构不合理等问题,本书汲取在数字粮食工程建设中探索出的成功经验,凝练了智慧粮食建设理论与实践,弥补了本领域的空白,为加快推进智慧粮食工程建设提供了顶层指导。因此,《互联网+智慧粮食》的出版,是非常适时的,且具有较高的理论价值和推广应用意义。

本书立足于我国粮食流通信息化建设现状,结合作者多年来在移动互联网、大数据、云计算、物联网等信息技术领域的理论研究基础和智慧粮食工程实践经验,提出"智慧粮食"的概念,并把"智慧粮食"工程与"互联网+"理念有机结合起来,在该领域占据了引领性地位,使粮食智能化建设有的放矢、有章可循,具有重要指引作用。同时,开创性地提出了"互联网+粮食"的体系结构、应用机理与模式,以及构建的原则与步骤。针对传统粮食流通信息化建设过程中存在的"信息孤岛"问题,采用"互联网+信息技术",完成粮食信息系统一体化集成,为全面提升我国粮食信息化水平注入了强劲动力。

总的来说,本书思路清晰,从理论分析到实践应用深入浅出;书写严谨,专业术语描述准确,关键技术重点突出;对智慧粮食建设具有很强的典型案例借鉴和理论指导意义。本书既可以作为从事"互联网+"和粮食信息化建设相关技术和管理人员的参考资料,也可作为大专院校相关专业本科生和研究生的参考书籍,还可作为广大粮食信息化爱好者的普及读物。可以预计,本书将为我国"互联网+"知识的普及和智慧粮食的有序发展作出重要贡献。

前言
Preface

目前，全球信息化发展步入加速深化、深度集成、整合转型的新阶段，各国都着力推进以信息化促进经济社会全面发展的转型。"互联网+"时代的到来，为信息技术与现代制造业的结合指引了未来，是继计算机、互联网之后信息产业的又一重大里程碑。国务院总理李克强在国家粮食局调研时指出，解决好农业和粮食问题，要放在发展的全局中来统筹，要做好"广积粮、积好粮、好积粮"三篇文章，要守住管好"天下粮仓"，推动"新四化"，最终使人民尤其是广大农民得到红利、收到实惠。李克强在这次调研中的讲话，显示出国家对农业和粮食的重视，也充分表明国家将重视发挥"信息化"在经济社会发展中的独特作用。随着"互联网+"囊括的一整套信息技术迅猛发展，我国对粮食流通现代化、信息化建设也提出了更高的要求。同时，为了更好地保障粮食安全，智慧粮食建设的紧迫性显得尤为突出。我国智慧粮食建设刚起步，为解决粮食管理部门及企业在智能化建设中出现的缺乏统筹设计、应用系统分散开发、数据结构不合理等问题，"智慧粮食"要为粮食部门服务，不仅局限于粮食系统，也要着眼于宏观，广泛收集、加工与粮食相关的各类数据，为党中央、国务院决策服务，为国家发改委、农业部、商务部等相关部门的调控和监管服务，为粮食生产、流通、加工者和消费者服务。将"互联网+"技术应用于粮食智能化建设中，总结并提炼了智慧粮食建设的理论与方法，形成本书。

本书对"互联网+智慧粮食"的相关概念进行详细阐述与辨析。按照系统工程的思路，理论方面从智慧粮食的基本概念、顶层设计、总体架构、关键技术进行深入探析；实践方面结合江苏省已开展的数字粮食信息系统、典型案例进行详细讲解，有助于广大粮食行业从业者全面了解智慧粮食概况并掌握其核心。

全书共分为10个章节，由浅入深地逐步剖析"互联网+粮食"及智慧粮食的相关理论、方法和技术。

第1章从"互联网+"的机遇与挑战出发,阐明"互联网+智慧粮食"的创新背景,介绍与智慧粮食相关的概念,详细剖析了广义和狭义的智慧粮食定义,概括了智慧粮食与数字粮食的特征区别,勾勒出智慧粮食的概貌。

第2章结合国家粮食局发布的《大力推进粮食行业信息化发展的指导意见》,就智慧粮食的业务目标需求、支撑技术需求展开详细阐述。以粮食信息化需求为牵引,明确了智慧粮食建设的目标与任务。

第3章就智慧粮食的建设目标、指导思想、总体规划、设计方法等一系列顶层设计问题展开讨论,对智慧粮食的顶层设计进行了较为详细的阐述,并提出了智慧粮食建设必须遵循的基本原则。

第4章从智慧粮食安全监测预警、智慧粮食应急保供以及粮政管理决策支持等方面对粮食安全展开了具体的探讨,阐述了智慧粮食与粮食安全之间的关系。

第5章介绍了移动互联网技术在智慧粮食中的应用,使读者可以全面了解智慧粮食所涉及的移动互联网技术及其基本原理,为智慧粮食建设提供了移动、互联。

第6章介绍了大数据技术在智慧粮食中的应用,重点阐述了粮食数据的预处理、数据存储和数据分析预测等内容,并给出了基于大数据的粮食安全智慧预警和粮食价格预测的思路。

第7章从云计算、云存储和云服务三方面,介绍了云计算技术在智慧粮食中的应用,结合粮食云数据中心建设的重难点,展望如何利用云计算技术绘制一张"粮食云图"。

第8章分析了物联网技术在粮食物流、仓储管理、质量追溯、宏观调控等方面的应用,重点探讨粮食仓储物联网、粮食运输物联网、粮食监控物联网、粮食安全溯源,并阐述了粮食物联网构建的原则、步骤及建设意义。

第9章介绍了新一代粮食物联网、云终端服务系统、大数据分析预测系统,以及智慧粮食应用系统,进一步加深了读者对"互联网+"时代下智慧粮食的认识。

第10章进一步强调智慧粮食的重要意义,分析了"互联网+智慧粮食"存在的问题,指出了"互联网+智慧粮食"的建设途径,最后展望了智慧粮食未来的应用前景。

综上所述,本书有助于粮食行业管理者指导粮食智能化建设,也有助于粮食行业的技术人员应用智慧粮食系统,同时,对粮食流通信息化感兴趣的读者也能够从本书中获取与"互联网+"及智慧粮食相关的理论与技术知识。

本书第 1 章和第 10 章由何明教授编写；第 2 章由陈希亮编写；第 3 章由高巍主任编写；第 4 章由闫天国编写；第 5、6 章由刘方鑫编写；第 7 章由郑翔副教授编写；第 8 章由赵广超编写；第 9 章由潘迪编写。全书由何明教授统稿并审阅。

感谢中国工程院戴浩院士对本书编写的指导；感谢国家粮食局和江苏省粮食局领导对本书提出的宝贵意见；感谢江苏省社会公共安全应急管控与指挥工程技术研究中心和江苏省社会公共安全科技协同创新中心的资助与支持。感谢邹青丙对本书插图的绘制，陈秋丽对本书文字的反复修订，应晓航和周瑞婷对本书表格的处理。

在编写过程中，作者参阅了大量翔实的文献资料，同时融入了自身多年参与江苏省数字粮食建设方面的理论积累和实践经验。但是，由于以"互联网+"为主的信息技术发展迅猛，且我国智慧粮食工程尚处于起步阶段，同时受时间及作者水平所限，对一些问题的阐述可能不够精准，有失偏颇，书中难免会存在不足和纰漏之处，敬请广大读者朋友批评指正。

作者

2015 年 7 月

目录 Contents

1 绪论 …………………………………………………………………（ 1 ）
  1.1 "互联网+" ………………………………………………………（ 1 ）
    1.1.1 "互联网+"时代 ……………………………………………（ 2 ）
    1.1.2 "互联网+"思维 ……………………………………………（ 7 ）
    1.1.3 "互联网+"行业 ……………………………………………（ 10 ）
    1.1.4 "互联网+"技术 ……………………………………………（ 11 ）
  1.2 挑战与机遇 ……………………………………………………（ 13 ）
    1.2.1 发展现状 ……………………………………………………（ 14 ）
    1.2.2 典型问题 ……………………………………………………（ 15 ）
    1.2.3 发展机遇 ……………………………………………………（ 17 ）
  1.3 智慧粮食 ………………………………………………………（ 17 ）
    1.3.1 从数字粮食到智慧粮食 ……………………………………（ 17 ）
    1.3.2 智慧粮食的概念与特征 ……………………………………（ 19 ）
    1.3.3 智慧粮食的功能与作用 ……………………………………（ 21 ）

2 智慧粮食需求分析 …………………………………………………（ 23 ）
  2.1 粮食流通环节 …………………………………………………（ 23 ）
    2.1.1 粮食收购环节 ………………………………………………（ 23 ）
    2.1.2 粮食仓储环节 ………………………………………………（ 23 ）
    2.1.3 粮食运输环节 ………………………………………………（ 24 ）
    2.1.4 粮食调拨环节 ………………………………………………（ 24 ）

     2.1.5 粮食加工环节 …………………………………………（24）
     2.1.6 粮食销售环节 …………………………………………（25）
   2.2 业务目标需求分析 ……………………………………………（25）
     2.2.1 业务协同办公对信息化的需求 ………………………（25）
     2.2.2 粮食收储管理对信息化的需求 ………………………（25）
     2.2.3 储备粮管理对信息化的需求 …………………………（25）
     2.2.4 原粮安全监管对信息化的需求 ………………………（26）
   2.3 数据管理、挖掘、分析的需求 ………………………………（26）
   2.4 信息技术催动智慧化升级 ……………………………………（27）
     2.4.1 大数据吹响智慧粮库前进的号角 ……………………（27）
     2.4.2 云服务与物联网确保粮食安全 ………………………（27）
     2.4.3 数据可视化展现分析粮库信息 ………………………（27）
   2.5 建设内容需求分析 ……………………………………………（27）
     2.5.1 数据中心 ………………………………………………（28）
     2.5.2 信息网络 ………………………………………………（28）
     2.5.3 信息平台 ………………………………………………（29）
     2.5.4 支撑体系 ………………………………………………（31）
     2.5.5 信息系统 ………………………………………………（34）

3 智慧粮食顶层设计 ……………………………………………（40）
   3.1 概述 ……………………………………………………………（40）
     3.1.1 智慧粮食建设目标与指导思想 ………………………（40）
     3.1.2 智慧粮食建设原则与依据 ……………………………（42）
     3.1.3 智慧粮食规划的主题与思路 …………………………（44）
     3.1.4 智慧粮食规划的内容与方法 …………………………（45）
   3.2 智慧粮食体系结构设计 ………………………………………（50）
     3.2.1 基于系统视图的智慧粮食体系结构 …………………（50）
     3.2.2 基于技术视图的智慧粮食体系结构 …………………（54）
     3.2.3 基于应用视图的智慧粮食体系结构 …………………（55）

3.3 智慧粮食信息安全策略 …………………………………（57）
　　3.3.1 感知层的安全策略 ……………………………………（57）
　　3.3.2 传输层的安全策略 ……………………………………（57）
　　3.3.3 数据层的安全策略 ……………………………………（57）
　　3.3.4 应用层的安全策略 ……………………………………（58）
3.4 智慧粮食技术标准体系 …………………………………（58）
　　3.4.1 粮食信息化标准体系 …………………………………（58）
　　3.4.2 粮食信息化标准化工作指南 …………………………（67）

4 智慧粮食与粮食安全 ……………………………………（73）

4.1 概述 ………………………………………………………（73）
　　4.1.1 粮食安全 ………………………………………………（73）
　　4.1.2 智慧粮食同粮食安全的关系 …………………………（74）
4.2 智慧粮食安全预警预报 …………………………………（75）
　　4.2.1 粮食监测预警预报的重要意义 ………………………（75）
　　4.2.2 粮食监测预警预报的突出问题 ………………………（76）
　　4.2.3 粮食监测预警预报的有效措施 ………………………（77）
4.3 智慧粮食保障应急指挥 …………………………………（79）
　　4.3.1 智慧粮食应急指挥预案 ………………………………（79）
　　4.3.2 应急指挥体系 …………………………………………（80）
　　4.3.3 应急指挥模型 …………………………………………（81）
4.4 粮政管理决策支持 ………………………………………（82）
　　4.4.1 粮政管理决策支持模型 ………………………………（82）
　　4.4.2 粮政管理决策支持功能 ………………………………（83）
　　4.4.3 粮政管理决策支持实施 ………………………………（84）

5 智慧粮食与移动互联网 …………………………………（85）

5.1 移动互联网技术 …………………………………………（85）
　　5.1.1 移动互联网概述 ………………………………………（85）
　　5.1.2 移动互联网的特性 ……………………………………（90）

  5.2 移动互联网在智慧粮食中的应用 ……………………………（92）

  5.3 移动互联网给粮食行业带来的深刻影响 ……………………（93）

6 智慧粮食与大数据 …………………………………………（95）

  6.1 大数据技术 ……………………………………………………（95）

    6.1.1 大数据的定义 …………………………………………（95）

    6.1.2 大数据的特征 …………………………………………（96）

    6.1.3 大数据的构架 …………………………………………（98）

    6.1.4 典型应用 ………………………………………………（100）

  6.2 粮食大数据的采集与清洗 ……………………………………（102）

    6.2.1 大数据采集 ……………………………………………（102）

    6.2.2 大数据清洗 ……………………………………………（102）

  6.3 粮食大数据的存储与管理 ……………………………………（103）

    6.3.1 分布式异构存储技术 …………………………………（103）

    6.3.2 多维索引技术 …………………………………………（104）

  6.4 粮食大数据的分析与挖掘 ……………………………………（105）

  6.5 面向粮食安全的粮情监测预警 ………………………………（106）

    6.5.1 粮食监测预警与大数据的结合 ………………………（106）

    6.5.2 大数据粮食监测预警系统建设思路 …………………（107）

    6.5.3 需要注意的问题 ………………………………………（108）

7 智慧粮食与云计算 …………………………………………（110）

  7.1 云计算技术 ……………………………………………………（110）

    7.1.1 云计算的概念 …………………………………………（110）

    7.1.2 云计算的特征 …………………………………………（112）

    7.1.3 云计算的体系结构 ……………………………………（113）

  7.2 粮食云数据中心 ………………………………………………（114）

    7.2.1 粮食云计算 ……………………………………………（116）

    7.2.2 粮食云存储 ……………………………………………（117）

7.3 粮食云的应用 …………………………………………（121）
    7.3.1 应用需求 ………………………………………（121）
    7.3.2 应用价值 ………………………………………（122）

8 智慧粮食与物联网 …………………………………（125）

8.1 物联网技术在智慧粮食中的应用 ……………………（125）
8.2 粮食仓储物联网 ………………………………………（127）
    8.2.1 粮情测控系统 …………………………………（128）
    8.2.2 粮情分析专家系统 ……………………………（129）
    8.2.3 粮仓自动控制系统 ……………………………（132）
8.3 粮食物流物联网 ………………………………………（132）
    8.3.1 粮食物流中 EPC 信息内容 ……………………（133）
    8.3.2 粮食物流物联网体系架构 ……………………（133）
    8.3.3 粮食物流物联网跟踪过程 ……………………（134）
8.4 粮食监控物联网 ………………………………………（135）
    8.4.1 粮食监控物联网体系架构 ……………………（135）
    8.4.2 粮食监控物联网系统功能 ……………………（136）
8.5 粮食溯源物联网 ………………………………………（137）
    8.5.1 粮食溯源物联网管理过程 ……………………（137）
    8.5.2 粮食溯源物联网体系架构 ……………………（139）
    8.5.3 粮食溯源物联网信息系统 ……………………（141）

9 智慧粮食信息系统 …………………………………（143）

9.1 新一代粮食物联网 ……………………………………（143）
    9.1.1 粮食溯源子系统 ………………………………（143）
    9.1.2 设施设备智能改造 ……………………………（144）
    9.1.3 新一代粮情测控系统 …………………………（145）
9.2 云终端服务系统 ………………………………………（146）
9.3 大数据分析预测系统 …………………………………（147）
9.4 智慧粮食应用系统 ……………………………………（148）

10 "互联网+"时代智慧粮食的思考 …………………………（155）

10.1 智慧粮食必将引起粮食行业的新变革 …………………（155）
10.1.1 智慧粮食在粮食行业中的地位 …………………（156）
10.1.2 实现"互联网+智慧粮食"的途径 ………………（157）
10.1.3 智慧粮食建设的预期成效 ……………………（159）

10.2 智慧粮食的发展方向及未来畅想 ……………………（159）
10.2.1 智慧粮食的发展方向 …………………………（159）
10.2.2 智慧粮食的未来畅想 …………………………（161）

附录 ……………………………………………………………（162）

参考文献 ………………………………………………………（166）

1 绪 论

智慧粮食具有广阔的应用前景,其概念一经提出,立即引起粮食行业部门高度重视。尽管"互联网+粮食"的应用尚处于初级阶段,但人们已经意识到"互联网+智慧粮食"建设的必要性和重要性。同时,也对移动互联网、大数据、云计算和物联网等新兴信息技术与传统粮食行业的融合与创新展开了憧憬。本章将从"互联网+"提出的背景及意义出发,阐明粮食流通信息化的机遇与挑战,结合互联网思维,介绍智慧粮食的概念与特征、功能与作用,描绘出一幅智慧粮食的云图。

1.1 "互联网+"

习近平主席指出:"网络信息是跨国界流动的,信息流引领技术流、资金流、人才流,信息资源逐渐成为重要生产要素和社会财富,信息掌握的多寡成为国家软实力和竞争力的重要标志。"随着互联网与云计算、大数据、物联网等信息技术的加速融合和不断创新突破,新一轮科技革命和产业变革正勃然而起,互联网与传统行业结合形成的"互联网+"已经成为当今时代的热门课题。

在2015年3月5日上午召开的第十二届全国人民代表大会第三次会议上,李克强总理在政府工作报告中首次提出"互联网+"行动计划。推动移动互联网、云计算、大数据、物联网等与现代制造业结合,促进电子商务、工业互联网和互联网金融健康发展,引导互联网企业拓展国际市场。

互联网作为一种通用目的技术(General Purpose Technology),和200年前的蒸汽机技术一样,对人类经济社会产生了巨大、深远、广泛的影响。所谓的"互联网+"就是指以互联网为主的一整套信息技术(包括移动互联网、云计算、大数据技术等)在经济、社会生活等各部门的扩散和应用过程。它是互联网思维的进一步实践成果,代表一种先进的生产力,推动经济形态不断地发生演变,从而带动社会经济实体的生命力,为改革、发展、创新提供广阔的网络平台。

"互联网+"的内涵在根本上区别于传统意义上的"信息化",或者说互联网重新定义了信息化。我们之前把信息化定义为信息通信技术不断应用、深化的过程。但假如ICT（Information Communication Technology）技术的普及、应用没有释放出信息和数据的流动性，没能促进信息/数据在跨组织、跨地域的广泛分享使用，就会出现"IT黑洞"陷阱，信息化效益难以体现。在互联网时代，信息化正在回归"信息为核心"这个本质。互联网是迄今为止人类所看到的信息处理成本最低的基础设施。互联网天然具备全球开放、平等、透明等特性，使得信息/数据在工业社会中被压抑的巨大潜力爆发出来，转化成巨大生产力，成为社会财富增长的新源泉。

1.1.1 "互联网+"时代

1)"互联网+"的本质与进程

最高深的技术是那些令人无法察觉的技术，这些技术不停地把它们自己编织进日常生活，直到你无从发现为止。

——普适计算之父 马克·韦泽

"互联网+"的前提是互联网作为一种基础设施的广泛安装。著名演化经济学家卡洛塔·佩雷斯（Carlota Perez）认为，每一次大的技术革命都形成了与其相适应的技术—经济范式。这个过程会经历两个阶段：第一个阶段是新兴产业的兴起和新基础设施的广泛安装；第二个阶段是各行各业应用的蓬勃发展和收获（每个阶段各20～30年）。2015年是互联网进入中国21周年，中国迄今已经有6.5亿网民，5亿的智能手机用户，通信网络的进步，互联网、智能手机、智能芯片在企业、人群和设施设备中的广泛使用，为下一阶段的"互联网+"奠定了坚实的基础。

通俗来说，"互联网+"就是"互联网+各个传统行业"，但这并不是简单的两者相加，而是利用信息通信技术以及互联网平台，让互联网与传统行业进行深度融合，创造新的发展生态。其本质是传统业务的数据化、在线化。其中，实现步骤分为三个阶段：第一步连接；第二步功能提升；第三步融合人与人、人与物，人与服务、人与场景。

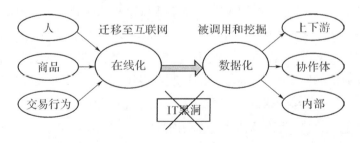

图1-1 "互联网+"的本质

国内"互联网+"理念的提出,最早可以追溯到 2012 年 11 月于扬在易观第五届移动互联网博览会上的发言。于扬当时提出移动互联网的本质离不开"互联网+",他认为"互联网+"公式应该是我们所在的行业的产品和服务,与我们看到的多屏全网跨平台用户场景结合之后产生的一种化学公式。腾讯公司董事会主席马化腾也认为:"互联网+一个传统行业,其实代表了一种能力,或者是一种外在资源和环境,是对这个行业的一种提升。"

马化腾也认为:李克强总理所提的"互联网+"在早期相关互联网企业讨论聚焦的"互联网改造传统产业"基础上已经有了进一步的深入和发展。李克强总理在政府工作报告中首次提出的"互联网+"实际上是创新 2.0 环境下互联网发展的新形态、新业态,是知识社会创新 2.0 推动下的互联网形态演进。伴随知识社会的来临,驱动当今社会变革的不仅仅是无所不在的网络,还有无所不在的计算、无所不在的数据、无所不在的知识。"互联网+"不仅仅是互联网移动了、泛在了、应用于某个传统行业了,更加入了无所不在的计算、数据、知识,造就了无所不在的创新,推动了知识社会以用户创新、开放创新、大众创新、协同创新为特点的创新 2.0,改变了我们的生产、工作及生活方式,也引领了创新驱动发展的"新常态"。

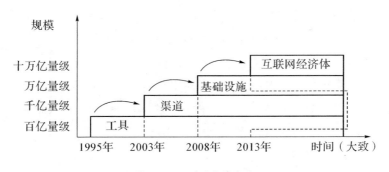

图 1-2 互联网发展阶段

2)"互联网+"的动力来源

"互联网+"的实践在各个行业的不断深入,极大地改变着经济、社会的面貌,其不断发展的动力源泉主要体现在以下几个方面:①新的信息基础设施的不断完善;②对于数据资源的松绑;③基于信息基础设施完善和数据资源松绑而引发的行业分工形态的变革。

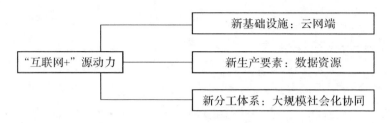

图1-3 "互联网+"时代的动力源泉

短短几十年间,"互联网"能够从诞生、普及,升级为"互联网+"这一新变革力量,技术边界不断扩张,从而引发基础设施层次上的巨变是最为重要的原因。大力提升新信息基础设施水平,"互联网+"才能获得不竭的动力源泉,才能在经济、社会发展中彰显威力。"互联网+"仰赖的新基础设施,可以概括为"云、网、端"三部分。

"云"是指云计算、大数据基础设施。生产率的进一步提升、商业模式的创新,都有赖于对数据的利用能力,而云计算、大数据基础设施像水电一样为用户便捷、低成本地使用计算资源打开方便之门。

"网"不仅包括原有的"互联网",还拓展到"物联网"领域,网络承载能力不断得到提高、新增价值持续得到挖掘。

"端"则是用户直接接触的个人电脑、移动设备、可穿戴设备、传感器,乃至软件形式存在的应用。"端"是数据的来源,也是服务提供的界面。

新信息基础设施正叠加于原有农业基础设施(土地、水利设施等)、工业基础设施(交通、能源等)之上,发挥的作用也越来越重要。"互联网+智慧粮食"中,构建以"云、网、端"为基础的粮食信息设施新支撑,开创粮食安全大格局的新模式,在全新的领域创造了一种全新的粮食信息生态体系。

3)"互联网+"的新生产要素:数据

人类社会的各项活动与信息(数据)的创造、传输和使用直接相关。信息技术的不断突破,都是在逐渐打破信息(数据)与其他要素的紧耦合关系、增强其流动性,以此提升使用范围和价值,最终提高经济、社会的运行效率。

信息(数据)成为独立的生产要素,经历了近半个世纪的信息化过程,信息技术的超常规速度发展,促成了信息(数据)量和处理能力的爆炸性增长,人类经济社会也进入了"大数据时代"。IDC于2012年12月发布了研究报告《2020年的数字宇宙:大数据、更大的数字阴影以及远东地区实现最快增长》。数字宇宙是对一年内全世界产生、复制及利用的所有数字化数据的度量。从2013年到2020年,数字宇宙的规模每两年将翻一番。2012年中国总体数据量占世界的13%,而到2020年将提高到21%。

如前所述,除了作为必要成分驱动业务外(即Data-Driven Application,如金融交易数据、电子商务交易数据),数据产品的开发(即Data Product,通过数据用途的扩展创造新的价值,如精准网络广告)更是为攫取数据财富开辟了新的源泉。经济领域海量数据的积累与交换、分析与运用,产生了前所未有的洞见和知识,极大地促进了生产效率的提高,为充分挖掘数据要素的价值提供了超乎寻常的力量。

作为"互联网+"的新生产要素,数据发挥着基础而重要的价值。数据为互联网平台提供了最初的信息来源,"互联网+"模式将数据进一步加工,找寻网络平台和传统行业的切合点,发挥大数据的支撑功能,给产业注入新的生机。

"互联网+粮食"就是打破传统的粮食行业,让数据说话,运用数据进行精确保障。数据就是资源。数据被赋予背景,就是信息;数据提炼出规律,就是经验;数据借助各种工具在分析的基础上为我们提供正确的决策,就是资源,因此,数据也被誉为"未来的新石油"。庞大的粮食体系需要数据支撑,"互联网+智慧粮食"建设首先是数据资源建设,需要把每个人和每颗粮食都作为数据节点,从数据产生、捕捉、传递和分析入手获取资源挖掘的主动权。数据催生能力。传统的粮食行业往往追求的是速度快、效率高,"互联网+智慧粮食"追求的是快而准、少而全、多而精,需要从终端开始动态采集需求数据,实时了解各方向、各层级的保障需求,准确掌握各类物资资源数据,按照保障决心智能分析保障方式,在适当的时间、把适当的物资和力量投送到适当的地点,形成快速、精确的保障能力。数据预测未来。在甲型H1N1流感爆发的几周前,谷歌在《自然》杂志上发表了论文,通过对几十亿条数据的分析,对冬季流感发生进行了科学预测,实践证明预测指数与官方数据的相关性高达97%。随着数据技术的发展,预测未来已经不是梦。实施精确保障,预判、预估、预测十分关键,需要全方位、多角度地对粮食安全保障和业务管理过程中产生的大量历史数据进行分析,从中提取能够指导方向和反映规律的信息资源,从而预测粮食发展趋势。

4)"互联网+"的新分工体系

信息基础设施建设和能力提升,加速了信息(数据)要素在各产业部门中的渗透,直接促进了产品生产、交易成本的显著降低,从而深刻影响着经济的形态。

信息技术革命为分工协同提供了必要、廉价、高效的信息工具,也改变了消费者的信息能力,其角色、行为和力量正在发生根本变化:从孤陋寡闻到见多识广,从分散孤立到群体互动,从被动接受到积极参与,消费者潜在的多样性需求被激发,市场环境正在发生着重大变革。

以企业为中心的产销格局,转变为以消费者为中心的全新格局。企业以客户为导向、以需求为核心的经营策略迫使企业的组织形式相应改变。新型的分工协同形式开始涌现。

"小而美"是企业常态:由于节约了信息成本,交易费用降低令外包等方式更为便捷,企业不必维持庞大臃肿的组织结构,低效、冗余的价值链环节将消亡,而新的高效率价值环节兴起,组织的边界收缩,小企业成为主流。

生产与消费更加融合:信息(数据)作为一种柔性资源,缩短了迂回、低效的生产链条,促进了C2B方式的兴起,生产与消费将更加融合。

实时协同是主流:技术手段的提升、信息(数据)开放和流动的加速,以及相应带来的生产流程和组织变革,使生产样式已经从"工业经济"的典型线性控制,转变为"信息经济"的实时协同。

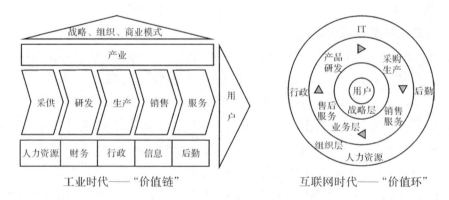

图1-4 互联网时代与工业时代的价值对比

就业途径更多样:信息技术为灵活的工作方式提供了可能,就业形势多样化。"信息经济"条件下,由于沟通、协作的门槛降低,评价和信用制度的完善,专业技能的价值进一步凸显,个人能力可以得到充分发挥,就业的灵活性进一步提高。年轻一代经由网络、利用外包方式,可以充分安排自己的时间和工作的地点,为多家企业提供服务,比如翻译、设计、客户服务等工作。企业的雇佣方式和组织形式、人们的就业方式和收入结构都将出现改变。

综上所述,新信息基础设施("云+网+端")、新生产要素(大数据)、新分工网络(大规模、社会化的全新分工形态)为"互联网+"能量的释放提供了不竭动力,体现了"信息技术革命和制度创新"推动"生产率跃升"的强劲力道。"互联网+"行动,将以夯实新信息基础设施、提升原有工农业基础设施、创新互联网经济、渗透传统产业为指向,为中国经济实现转型与增长开辟新路。

1.1.2 "互联网+"思维

"互联网+"思维,就是在移动互联网、大数据、云计算等科技不断发展的背景下,对市场、用户、产品、企业价值链乃至对整个商业生态进行重新审视的思考方式。

最早提出互联网思维的是百度公司创始人李彦宏。在百度的一个大型活动上,李彦宏与传统产业的老板、企业家探讨发展问题时,首次提到"互联网思维"这个词。他说,我们这些企业家们今后要有互联网思维,可能你做的事情不是互联网,但你的思维方式要逐渐向互联网的方式去想问题。现在几年过去了,这种观念已经逐步被越来越多的企业家,甚至企业以外的各行各业、各个领域的人所认可。但"互联网思维"这个词也演变出多个不同的解释。对于"互联网+"的说法也有很多:

就拿我自己来说,过去总觉得互联网仅仅是一种工具,企业里有人用就可以了,没必要每个人都懂都用,总觉得鼠标里点不出万向节。现在不同了,孙子、外孙回来都跟我讲互联网,互联网已经从一种工具变成一种思维,一种文化,一种工作和生活的状态,打印产品也已经近在眼前了。怎么办? 只有下工夫学,善学者能,多能者成。

——万向集团董事局主席　鲁冠球

互联网思维是零距离和网络化的思维。

——海尔集团董事局主席　张瑞敏

淘汰你的不是互联网,而是你不接受互联网。是你不把互联网当成工具,跟你的行业结合起来。最终淘汰你的还是你的同行,他们接受了互联网,把互联网跟自己做的事情结合起来,淘汰了你。

——万科董事会主席　王石

第一,用户至上:在互联网经济中,只要用你的产品或服务,那就是上帝! 很多东西不仅不要钱,还把质量做得特别好,甚至倒贴钱欢迎人们去用。

第二,体验为王:只有把一个东西做到极致,超出预期才叫体验。比如有人递过一个矿泉水瓶子,我一喝原来是50度的茅台。这就超出我的体验。

第三,免费的商业模式:硬件也正在步入免费的时代。硬件以成本价出售,零利润,然后依靠增值服务去赚钱。电视、盒子、手表等互联网硬件虽然不挣钱,但可通过广告、电子商务、增值服务等方式来挣钱。

第四,颠覆式创新:你要把东西做得便宜,甚至免费;把东西做得特简单,就能打动人心,超出预期的体验上的呼应,就能赢得用户,就为你的成功打下了坚实的基础。

——360公司董事长　周鸿祎

互联网思维分为三个层级

层级一:数字化。互联网是工具,提高效率,降低成本。

层级二:互联网化。利用互联网改变运营流程,电子商务,网络营销。

层级三:互联网思维。用互联网改造传统行业,商业模式和价值观创新。

——前微软亚太研发集团主席、百度总裁　张亚勤

换一种角度,从结果的角度来解读,互联网思维与传统产业的对接,会改变传统的商业模式。从结果看,大致会产生这么几个效应:长尾效应、免费效应、迭代效应和社交效应。互联网思维开放、互动的特性,将改变制造业的整个产业链。因此,用好互联网思维,制造业链条上的研发、生产、物流、市场、销售、售后服务等环节,都要顺势而变。

——联想集团执行委员会主席　柳传志

淘汰你的不是互联网企业或传统企业,而是你不具备互联网思维。互联网思维营销的核心是将产品、需求、互动、数据、感官、工具等等融合起来。最终用超值的体验让你的客户得到了非同凡响的价值。你的同行一旦掌握了互联网思维营销,他将会淘汰了你。

——巨信传播总裁　葛闻华

互联网思维的说法有很多,但是其主要包括以下九个方面的内容:

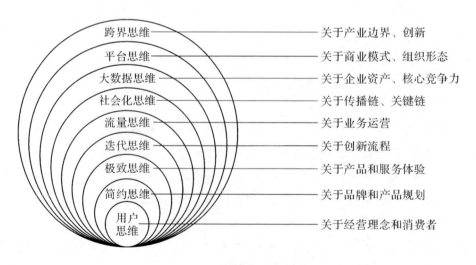

图1-5　互联网思维的主要内容

（1）用户思维

用户思维是指在价值链的各个环节中都要以顾客为中心去考虑问题。用户是互联网思维的核心，其他思维都是围绕用户思维在不同层面的展开。互联网是草根文化的代表，在发展的过程中形成自己的商业模式甚至文化范式，通过自组织的方式实现自身的价值。

（2）简约思维

大道至简，越简单的东西越容易传播，越难做。专注才有力量，才能做到极致。在产品的规划和品牌定位中，要力求专注和简单，而对于产品设计，则力求简洁和简约。简约，意味着人性化。

（3）极致思维

极致就是把产品的服务做到最好，超越用户预期。只有极限思维，才有极致产品。打造让用户尖叫的产品，服务即营销。

（4）迭代思维

迭代思维体现在两个层面，一个是"微"，从小处着眼，微创新；一个是"快"，天下武功，唯快不破。传统企业需要一种迭代意识，及时乃至实时地把握用户需求。

（5）流量思维

流量意味着体量，体量意味着分量。免费往往是获取流量的首要策略。量变才能引起质变，要能坚持到质变的临界点。

（6）社会化思维

在社会化商业时代，用户以网的形式存在；利用社会化媒体，可以重塑企业与用户之间的沟通关系；利用社会化网络，可以重塑组织管理与商业运作模式。

（7）大数据思维

大数据的价值不在大，而在于挖掘和预测的能力。大数据思维的核心是理解数据的价值，通过数据处理、创造价值。数据资产成为核心竞争力。

（8）平台思维

平台是互联网时代的驱动力。平台战略的精髓，就是构建多方共赢的平台生态圈，善用现有平台。未来商业的竞争不再只是企业与企业之间的肉搏，而是平台与平台之间的竞争，甚至是生态圈与生态圈之间的竞争，单一的平台是不具备系统竞争力的。

（9）跨界思维

互联网企业的跨界颠覆，本质是高效率整合低效率。寻找低效点，打破利益分配格局,敢于自我创新,主动跨界。

1.1.3 "互联网+"行业

"互联网+"的过程也是传统产业转型升级的过程。过去十年,这一过程呈现"逆向"互联网化的过程。在企业价值链层面上,表现为一个个环节的互联网化:从消费者在线开始,到广告营销、零售,到批发和分销,再到生产制造,一直追溯到上游的原材料和生产装备。从产业层面看,表现为一个个产业的互联网化:从广告传媒业、零售业到批发市场,再到生产制造和原材料。从另一个角度观察,"互联网+"是从C端到B端,从小B再到大B的过程,产业越来越重。在这个过程中,作为生产性服务业的物流、金融业也跟着出现互联网化的趋势。在"互联网+"逆向倒逼的过程中,各个环节互联网化的比重也是依次递减。

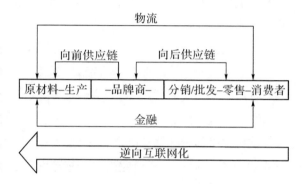

图1-6 产业互联网化的"逆向"过程

最先被互联网带动的是消费者。根据CNNIC的数据,到2014年底,我国网民规模达6.49亿,互联网普及率为47.9%(这可看做是中国人口的互联网化程度)。其中,网络购物用户3.61亿,我国网民使用网络购物的比例升至55.7%,在全国居民中的渗透率也达到了26.67%。

广告营销环节是最早互联网化的商业环节。易观国际数据显示,2014年我国互联网广告产业规模达到1 535亿元,市场份额占整体广告产业的28%,这在某种程度上可以看做是广告行业互联网化的程度。

其次是零售环节的互联网化。2014年我国网上零售额同比增长49.7%,达到2.8万亿元,占同期社会零售总额的10.6%。这也基本代表零售业互联网化的比重。

再往上是批发和分销环节的互联网化。这里包括传统的B2B网站纷纷由信息平台向交易平台转型,推动在线批发以及传统企业大量开展的网络分销业务。例如,2014年7月在港交所挂牌的电子元器件B2B网站"科通芯城"走的是纯线上交易模式,2014年交易规模约80亿元。在截至2014年6月之前的12个月内,阿里巴巴的内贸批发平台——1688的在线批发规模达227亿美元(约1 400亿人民币)。整个国内批发、分销市场的互联网化比例估计为1%～2%。

再往上就是生产制造环节,主要表现在两个方面:一是个性化需求倒逼生产制造柔性化加速,比如大规模个性化定制;二是需求端、零售端与制造业的在线紧密连接。这导致制造业也出现在线化、数据化的趋势。

1.1.4 "互联网+"技术

"互联网+"在与传统行业结合的过程中,引入了大量的新思维与新技术,从而彻底改变了传统行业的生产、经营、管理与维护模式。在不同行业中,这种技术带来的改善各不相同,具体到粮食行业而言,其流通模式、信息流转、监测与预警都因"互联网+"技术发生了巨大变化。

1) 移动互联网为新型粮食流通模式奠定了基础

移动互联网是一个移动通信概念,更是一个实时在线、在网的社会网络概念。它是高速度的移动通信网络,是由具有智能感应能力的智能终端、新业务、业务管理和计费平台、客户服务支撑平台共同构成的一个新的业务体系。

我国传统粮食流通模式呈现出"结构不对称性"和"权力不平衡性"的主要特征。而移动互联网大大降低了农户应用信息技术与工具的门槛,使信息和知识的获取更加平等而便捷。因此,移动互联网与传统粮食行业的结合将迸发出前所未有的能量。互联网带来的新技术赋能,不仅改变了农产品流通模式,催生了农产品电子商务的繁荣,也提升了粮食行业的信息化水平,为粮食行业的转型升级提供了技术与手段支撑,改善了粮农的知识结构和传统粮食行业的社会形象,为粮食行政管理部门创新管理手段提供了一种新方式,为"互联网+粮食(粮食企业、政府、粮库)"提供了广泛的发展前景。

2) 树立大云端理念,加快向智慧粮食转型

云计算是一种新兴的共享基础架构的方法,它可以将巨大的系统池连接在一起以提供各种IT服务。其应用前景体现在:①云计算强大的信息处理能力以及高扩展性,给电子商务的未来应用带来了新的拓展空间;②云计算强大的信息处理能力满足粮食电子交易、信息交流的要求;③云计算集成了各组织的安全控制系统,保证粮食电子交易的安全;④云计算将会成为粮食电子交易的中央控制单元,通过集中统一管理,提供粮食电子交易需要的各种个性化服务;⑤云计算将从根本上改变未来信息和数据产业的结构和商业模式。

没有网络和后台支撑的信息系统只是机械化向电子化的转变,要实现机械化和信息化复合发展,就要以网络为纽带,以云保障平台为支撑,推进粮食从单个项目的信息化建设,转型至附加值更高的智能化建设。确立万物互联的思想。网络和传感技术的革新推动物联网建设快速发展,人与物、物与物的对话已经在智慧地球、智慧城市等项目中得到实现,"互联网+智慧粮食",就是把信息植入每一种物品、每一个保障点位,将人员、粮食、保障流程等一切进行互联,实现网络与人、网络与物,以及与整个粮食信息生态系统之间的互兼容和互操作,为粮食信息化向智能化转变提供基础支撑。适应置身云端的环境。在线化服务,随着网上购物、网上订票、网上打车等云端生活方式的普及,网络已经成为大多数人日常生活不可或缺的组成部分,粮食"互联网+"建设就是要将粮食与云有机结合,把云端服务渗透到粮食收购、粮食仓储、粮食运输、粮食加工等方方面面,为农户提供随时随地、稳定畅通的信息服务,让网络化粮食进入老百姓的日常生活,让农民真正体会到云在身边,主动转变生活和思维模式,把云端作为智慧粮食的坚强基石和有力后盾。发挥云聚能效的作用。传统的信息化建设没有与云端相连,没有形成广义的互联互通,难以实现整体筹划、深度分析等智能化功能,与传统粮食信息化方式不同,"互联网+智慧粮食"构建的信息体系不仅可以解决信息化向数字化转变的问题,还可以通过后台大数据和云计算,为粮食管理部门提供全面的粮食态势,与粮食建立全方位联系,辅助拟制指挥决策建议方案,需要管理者从思想上把云端作为智囊团和顶梁柱,依"云"指挥、依"云"建设、依"云"调控,发挥云和网络对粮食安全保障的颠覆性作用。

3)**大数据提升粮食监测和预警的科学性和有效性**

目前,我国粮食行业大部分数据是通过统计收集的,数据积累了几十年,种类也比较多,比如粮食购销、粮油工业、粮企财务、行业人事等等。但如果纵向与时代要求相比,横向与其他部门相比,对照大数据建设的要求,差距依然很大。应抓紧填补数据空白,建立粮食行业涉粮损农害农投诉、粮油市场质量安全、安全生产、种粮大户及经纪人、来信来访等情况的数据收集机制。比如在涉粮损农害农投诉方面,对投诉人及被投诉人的年龄、身份、投诉金额及原因以及其他重要信息等在调查时进行全程数据收集,就可以知道问题的症结,根据掌握的数据,可以及时进行追踪调查,可以知道什么环节及哪些经营者最容易出现损农害农情况。对损农害农的经营者可以通过手机及网络等平台,根据次数及金额发布不同等级交易风险提醒信息。

随着粮食信息化的不断发展,在粮食生产、流通等领域的数据量爆发式增长,通过对粮情数据的采集与清洗、分析与挖掘及可视化,构建基于大数据、云计算等信息化条件下的粮情监测预警新模式,建成监测准确灵敏、分析权威可靠、发布及时畅通的粮情监测预警体系,健全应急处置粮食公共安全突发事件机制,建立以粮食供求形势和市场价格为重点内容的监测预警智能分析平台,为粮食宏观调控提供信息支撑,确保粮食市场的稳定。

4) 物联网使粮食行业产生新变革

物联网和电子商务互相促进,共同发展。物联网技术的出现促进了粮食行业电子商务的发展。物联网和电子商务的结合,推动了农业发展的规模化、精准化、现代化的步伐。在新兴的"云计算、大数据"服务的支撑下,物联网的发展将解决过去在数据存储、处理和分析上能力欠缺的问题,焕发出新活力。国家正在推进的粮食储运监管物联网应用示范工程,已取得阶段性成果,仅江苏就有16家粮食物流中心、中心粮库完成数字粮库建设,为保证国家粮食安全提供重要的措施。

（1）物联网技术应用于粮食仓储领域,可实现保管的动态监测,通过感应器对在储粮食进行感知,并实现各储粮仓库及储粮点的相连,就可以动态掌握在储粮食的基本性状状态,以作出相应的控制。（2）物联网技术应用于粮食运输领域,可实现运输过程的可视化,做到粮食运输车辆的及时、准确调度,可极大地提高粮食运输效率;把粮食运输车辆纳入物联网,实现对车载粮食的动态感知,动态监控在途粮食的质量与安全,以降低粮食运输中的损失;物联网还可以实现对各供需粮点库存情况、在途运输量情况的动态掌握,可以科学地作出运输决策,从而从根本上提高运输的合理性,实现粮食物流的有效流通。（3）物联网技术应用于粮食配送领域,可实现配送的精确化现代粮食物流,主要包括大流通和小配送两个过程。最重要的就是快速、准确,通过在粮食配送车辆、包装之间实施物联网技术,可以实现对整个配送过程的动态掌握,配送车辆中小包装粮食的品种信息也可以一目了然,大大提高了粮食配送的效率与准确率。另外,粮食配送中心还可以实现对零售商处粮食的货架、库存情况动态监控,对粮食存放条件、销售状况都可以远距离地感知,从而作出合理的配送决策。

1.2 挑战与机遇

近年来,我国的粮食流通信息化水平有了很大的提升,但是仍然存在许多方面的不足,如:还没有构筑覆盖全国的粮食现代物流信息平台,无法实现真正意义上的信息资源共享,因此不能实现对粮源收购、组配加工、库存和运输优化等物流各环节的有效控制和全程管理,也不能及时掌握粮食市场动态并进行市场行情跟踪、分析、判断和预测。大多数粮食企业基本未使用电子数据交换、电子商务、互联网等信息技术和粮食物流信息管理系统、企业资源管理系统，导致企业之间相互独立、相互隔绝，缺乏必要的信息沟通。

1.2.1 发展现状

1) 国外粮食信息化发展现状

美国、加拿大、澳大利亚等国，粮食市场化程度高，信息技术在粮食流通领域广泛应用。有专门的机构利用高新技术，如卫星遥感技术装备，预测世界农业生产情况，通过网络信息和电子商务平台，分析国内和国际期货和现货市场信息，预测全球粮食的需求形势，及时调整粮价和贸易策略。粮食仓储及流通过程，通过研究粮食品质测定方法，运用信息处理技术，开发数据管理系统，把粮食流通中品质测定各个环节通过信息系统结合起来，进行粮食品质溯源管理，从农场收购粮食、粮食流通到最终消费的全过程实施质量品质跟踪和安全控制。

信息化将贯穿于粮食生产、收购、仓储、加工、管理的全过程。通过实现数字化、网络化和智能化，以实现粮食生产和流通的全过程质量安全控制是国外粮食质量安全科技发展的趋势。信息和电子商务等应用高新技术的管理系统被广泛应用，以提高粮油产后流通技术体系的效率。决策支持系统为决策者提供分析问题、建立模型的环境，调用各种信息资源和分析工具，帮助决策者提高决策水平和质量。

2) 国内粮食信息化发展现状

（1）2015年6月，国家发展改革委、国家粮食局、财政部三部委印发《粮食收储供应安全保障工程建设规划（2015—2020年）》，规划提出抓紧推进"粮安工程"建设，"粮安工程"的主要内容包括"建设粮油仓储设施、打通粮食物流通道、完善应急供应体系、保障粮油质量安全、强化粮情监测预警、促进粮食节约减损"等。在强化粮情监测预警方面，规划提到要整合现有粮食信息资源，强化信息基础设施和安全保障能力建设，建成包括信息采集、警情分析、信息发布的粮情监测预警体系，建立和完善库存粮食识别代码制度，推进"智慧粮食"建设，增强国家调控市场的前瞻性、针对性和有效性。

（2）2015年，山东德州鹏达粮食物流集团第四分库作为全省的试点基层收纳库，在粮食出库时出具库存粮食识别代码，即粮食的"出生证明"。该库的粮食在收购完成并形成稳定货位后，生成库存粮食识别代码。识别代码包括单位、产地、生产年份、品种、数量等信息，其中，收购、封仓日期以及粮食等级等信息上传到省粮食局的管理平台，实现了集中监管。在向大型储备库直至面粉加工企业的流转过程中，该码一直伴随粮食流转，只需用手机等终端设备扫一下，就能清晰掌握粮食的相关信息。

（3）2014年，浙江省粮食局完成编制《浙江省粮食行业信息化建设发展规划（2014—2020年）》。该规划提出的总体目标是建设"智慧粮食"，主要内容即"5332"工程，"5"指五项重点工作内容（即粮食业务信息系统、粮食仓储综合信息系统、省级粮食流通综合数据库、公共信息服务平台和新技术应用推广），第一个"3"指三个时间段（分别为2015年、2017年和2020年）目标，第二个"3"指省粮食局主要抓三个方面（即纵向联网、省级粮食流通数据库和省级业务系统处理平台建设），"2"指近期主要工作和中远期主要任务两个阶段。

（4）2014年11月30日，航天信息股份有限公司董事长时旸与江苏省粮食局局长陈杰在北京签署了江苏省"智慧粮库"建设战略合作框架协议。江苏省省长李学勇、中国航天科工集团公司董事长高红卫等出席签约仪式。江苏省在开展以物联网技术为支撑的智能粮库和以收储可视化系统建设为核心的数字化粮库基础上，在全国率先实施"智慧粮库"工程建设。具体包括：开展粮食库存动态监管、粮食收购价外补贴、粮食物流公共信息服务、粮食质量追溯服务平台等多项粮食信息化应用项目。

（5）2014年，南京农民售粮用上一卡通。采用RFID技术，基于无线射频技术的非接触式卡片，通过射频识别技术，将卡号作为身份标识，实现粮食出入库业务"一卡通"服务。售粮农民手持"一卡通"，便可以在粮库内完成报港登记、质量检验、过磅称重、入仓复检、结算付款等粮食收购的整个过程。同时，结合粮库现有的可视化、机械化、自动化设施的相互配套兼容，可实现粮食收购自动质量检验、自动过磅称重、自动输送入仓，价格、数量、金额自动计算录入。使用"一卡通"后，与传统的粮食收购方式相比，实现了粮食收购流程化管理、无纸化办公，不再需要手工单据的填制与传递，加快了粮食出入库业务的处理速度，彻底改变过去农民售粮车水马龙、肩挑人扛、汗流浃背的繁忙场景。在此基础上，质检员、司磅员只需将卡号相对应的样品化验和称重数据输入系统，无需与客户见面接触。同时，还具备了粮食收购管理人员监督、追溯功能，从根本上杜绝了"收人情粮""开人情价"和克斤扣两、压级压价的现象。

1.2.2 典型问题

问题一："以陈顶新"

2015年4月17日，中央电视台《焦点访谈》栏目曝光了辽宁铁岭开原市庆云堡中心粮库"以陈顶新"，套取国家对农民的巨额补贴，欺骗粮食经营企业，危害国家粮食安全的事件。

据报道,该粮库以23794吨陈粮冒充新粮,并按新粮价格出售给沈阳市金盛稻香米业有限公司,后者发现是陈粮后立即依法派人到粮库戗粮样以便作为证据,但被粮库方阻止。沈阳市金盛稻香米业有限公司法人赵丽君无奈之下将庆云堡中心粮库"以陈顶新"的问题反映到中储粮辽宁分公司,但辽宁分公司的回答是"公司早已联合多个权威部门核查、化验,截止到目前并没有发现任何问题",并拒绝提供化验单和开据化验证明。但庆云堡粮库方面私下多次同赵丽君联系,据电话录音透露,粮库方希望通过补助赵100万左右来平息此事。为调查庆云堡粮库"以陈顶新"的问题是否属实,记者乔装身份,历时3个多月了解到了更多内幕,发现"以陈顶新"这种现象在当地的粮食圈并不少见。赵丽君以自己做粮食十多年的经验告诉记者,这是全国各地的潜规则,目的就是为了套取国家补贴。

问题二:"硕鼠"问题

2013年8月,中储粮河南分公司"骗补案",骗取国家粮食资金7亿多元,揭开了中储粮系统运营监管中存在的巨大漏洞。事实上,从此次河南分公司发生的"骗补案"来看,发现问题的难度并不大。因为,28亿斤"转圈粮"、7亿元补贴资金都不是小数目,只要有点责任心,深入到粮库第一线,对资金的用途作一些跟踪了解,就不难及时发现这些问题。

图1-7 "硕鼠"事件示意图

问题三:"转基因"问题

转基因技术拥有很大的发展空间,但是由于该技术的不确定性,也将带来无法预计的危害,这就需要完善有效的法律体系作保障,一方面积极支持转基因食品的发展,另一方面通过技术手段有效控制危害性的影响范围,最大限度地维护我国转基因食品的安全。通过完善我国转基因食品安全立法,加强相关法律保障制度来健全我国转基因食品监管体系,将会使我国转基因食品安全问题得到更好的管理,进而保证消费者权益、促进社会的和谐发展。

以上问题从几个侧面暴露了粮食系统运行、监管、发展中存在的诸多弊端,导致这些问题的一个重要原因就是信息化建设的滞后,信息流通的不畅,信息监管的不利与信息发布的不及时等,它们都制约着粮食信息化发展的步伐。粮食体系信息化发展仍存在以下不可忽视的问题：

（1）由于部分地区和单位思想认识不到位，缺少信息化发展的动力，信息化建设水平与管理职能需求差距较大，阻碍了粮食流通信息化的发展。

（2）缺少有效的统筹规划和顶层设计，建设方案科学论证性不足，造成各自为政，开发成本高，条块分割突出，低水平重复建设。

（3）行业信息化标准体系不完善，共享程度低，存在信息孤岛，难以互联互通，重技术轻服务、重硬件轻软件等现象较为普遍。

（4）缺乏信息化科研成果转化，急需高质量的信息化科技成果储备，信息化关键技术与装备亟须突破，粮食信息资源开发利用严重滞后。

（5）扶持政策不完善，缺乏信息化建设资金的投入，信息化基本建设和运行维护费用存在较大缺口，复合型、应用型信息技术人才数量不足。

1.2.3 发展机遇

国家"十三五"时期是新形势下粮食流通信息化发展难得的机遇期，是加快现代粮食流通产业发展的重要战略机遇期。粮食流通信息化机遇主要体现在以下几个方面：

（1）进一步加大调整经济结构和转变经济发展方式的力度，为粮食流通产业结构调整、优化升级提供了重要契机。

（2）新形势下以提升粮食流通管理水平和效能为目的，应用信息化手段保障国家粮食安全要求，推进粮食流通信息化是发展现代粮食流通产业的战略任务。

（3）大数据、物联网、云计算、5G等新技术不断涌现，信息技术正在发生重大变革，为粮食流通信息化发展提供了强有力的科技支撑。

1.3 智慧粮食

1.3.1 从数字粮食到智慧粮食

数字粮食是智慧粮食的基础，"智慧粮食"是数字粮食升级到一定阶段的表现。智慧粮食从数字粮食逐步发展而来，智慧粮食建设需要充分利用数字粮食的已有基础和资源，它们之间既有联系也有区别。

1）智慧粮食与数字粮食的联系

智慧粮食与数字粮食是密不可分的，二者都是为了解决粮食信息化问题的。

换言之,智慧粮食是数字粮食发展的必然趋势。

图 1-8 给出了智慧粮食和数字粮食的联系:

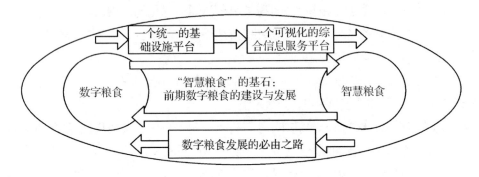

图 1-8 智慧粮食与数字粮食关系图

粮食信息化建设经历了信息化和数字粮食两个阶段,目前正向智慧粮食阶段发展,它们之间是一脉相承、层层递进的关系。在信息化阶段,粮食信息化建设主要是网络基础设施建设,如核心汇聚机房建设、服务器架设、备份存储设备安装、光纤线缆铺设和网络建构等。在数字粮食阶段,粮食信息化建设主要专注于互联网的应用,力图建设电子文库、综合数据库,以保证信息的高效传递。在智慧粮食阶段,重点是实现智能化管理,建设具有自动监控、自动决策的管理系统,提供信息自动采集的途径等。

2) 智慧粮食与数字粮食的区别

"数字粮食"的"数字"虽然也表达了粮食的信息化,但针对的对象是"人",要求用户具备使用信息化工具的能力,而"智慧粮食"主要是为了提升各类系统设施的智能化,针对的对象更多的是"物"。这是"智慧粮食"与"数字粮食"质的区别。同时,智慧粮食更多的是强调按需服务、快速反应、主动应对等,体现智能、聪慧的特点。

智慧粮食与数字粮食的区别在于:

(1) 发展目标不同。应用互联网实现"网络化"是"数字粮食"建设的目标,建设具有自动分析、自动决策的功能化粮食体系则是"智慧粮食"的建设目标。

(2) 建设着力点不同。数字粮食建设中,人们着重建设发展、采集与传递信息的数字化途径,而智慧粮食则更为重视信息智能化分析处理,系统自动高效决策等功能的实现。

(3) 建设实质不同。数字粮食强调的数字化,实质是利用互联网工具代替人的手工操作,而智慧粮食强调的是智慧化,实质是利用新兴技术赋予信息系统自动分析处理数据的能力,代替人进行决策和判断,以求得最优结果。

(4)建设结果不同。实现数据的收集与交互是数字化建设的最终结果,而数据的高效利用与自动开发则是智慧化建设将要取得的结果。

图1-9给出了智慧粮食与数字粮食的比较。

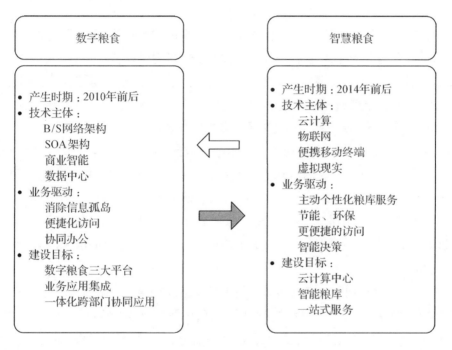

图1-9 智慧粮食与数字粮食的比较

1.3.2 智慧粮食的概念与特征

1)智慧粮食的概念

智慧粮食的起源,很大程度上得益于物联网、大数据和云计算等信息技术的兴起,但是截至目前,对智慧粮食还没有一个明确的、大家一致认可的定义,大多数研究机构或学者都是根据自己的理解从各个方面对智慧粮食进行定义。以下是作者从智慧粮食的内涵和外延两个层面,对智慧粮食的定义。

定义1:狭义"智慧粮食"。(智慧粮食的内涵)

该定义是局限在粮食流通领域的概念。狭义的"智慧粮食"是指粮食收购、运输、仓储、溯源等相关流通信息的数字存在和数字表现形式;在计算机可识别的可存储介质上概括的、有序的集合,并能够实现信息显示与实际存在相结合的表现对应关系;同时,将对应关系及数据在一定的立体坐标体系内,形成确定的数量、图形的二维或三维表现,将整个粮食流通中的外部环境与内在粮食品质变化机理及数字模型的三维表述直观表现,为粮食流通提供系统、全面、直观、完整、准确的信息及修改、检索、传输的控制干预功能,为粮食的高效管理提供支撑。

定义2:扩展"智慧粮食"。

"智慧粮食"是指在我国大力推进信息化建设的背景下,采取先进的物联网理念,建设新型的智慧粮食信息基础设施,充分利用现代传感器技术、射频识别(RFID)技术、地理信息系统(GIS)技术、网络与通信技术,使粮食信息在主动感知的前提下,能实现兴趣信息智能推送和冗余信息智能过滤,构建保障粮食安全、精确粮食管理、便捷商务服务、可靠粮食溯源等功能的完备信息体系,在粮食生产、安全、流通、管理、调控和应急过程中,综合运用信息网络、自动控制和智能识别等技术,实现对粮食储藏信息、粮食流通信息及粮食交易信息自动采集、可靠传输和智能处理,实现粮食要素数字化、仓储设备智能化、信息资源网络化和日常管理可视化。该定义分析预测了未来粮食的发展,认为识别技术和传感技术是未来粮食物联网的基石,因此更加侧重于RFID和传感器的应用及粮食物联网的智能化。

通过对上述两种定义的比较和分析不难看出,智慧粮食的概念起源于RFID对客观物体进行标识并利用网络进行数据交换,以及传感器对物理世界的感知并利用网络传输映射到信息世界这两个思想,并经过不断扩充、延展、完善而逐步形成。

2)数字粮食的特点

(1)粮食要素数字化

指对粮食管理工作中涉及的实体和属性,即粮食种类、数量、温度、湿度、其他附着物和仓储设施设备等各种属性信息进行数字化转换,建立集数据、图形、文档为一体的基础数据库,为管理决策提供信息支撑。

(2)仓储设备智能化

指将传统粮库设备改造为具有感知、传输、控制能力的智能设备,通过建立计算机管控系统,实现粮情等资源实时可视、消耗实时可知、过程实时可控,达到精细量化、资源节约的管理目标。

(3)信息资源网络化

指在粮食现有信息网络基础上,完善局域网、新建传感网,形成粮食物联网,构建集数据采集、传输、监控和管理为一体的信息通道，实现粮食资源共享、信息互联互通。

（4）日常管理可视化

指针对粮食流通管理各项业务，开发相应的计算机管理信息系统，依托数字化粮食信息、智能化粮库设备、集成化物联网络，整合建立粮食数字化管理平台，使粮食流通管理规范、高效、可视。

3）智慧粮食的特征

智慧粮食的概念和内涵随着对数字粮食认识的深入和应用的广泛在不断更新和充实，因此，目前很难得到一个大家都认可的、统一的"智慧粮食"定义，但是智慧粮食在技术层面和应用层面高于数字粮食的3个显著特征却已形成共识。

（1）辅助决策科学化

指粮食部门在进行各项决策时能够充分利用信息系统支持和辅助决策，使相关决策从定性决策向定量与定性相结合的决策发展，战略决策向更远的未来决策发展。

（2）应急保供敏捷化

指为了应对突发事件，利用信息技术健全应急粮油储备监测网络、预警体系和应急粮油物资生产、储备、调拨和应急配送体系，为实现"找得到、调得动、运得去、供得上"的目标提供强有力的支撑。

（3）低碳储粮绿色化

一是绿色储粮技术的广泛应用。氮气气调储粮、中央储备粮低温（准低温）储粮、控温储藏等新模式替代了传统化学药剂熏蒸，在害虫防治、保质减损等方面成效明显。二是智能化管理技术的新拓展。通过实施智能化粮库建设，搭建集粮情远程监测、智能出入库监管、库存数量监测等多功能于一体的全新智能化粮库管理体系。三是推广节能减排技术。对大部分粮食烘干系统进行了脱硫除尘、余热回收等技术改造，推广智能通风系统和节电控制设备来减少能耗。

1.3.3 智慧粮食的功能与作用

智慧粮食的建设宗旨就在于深刻挖掘粮食各类信息资源的价值，实现智能化的自主决策，进一步促进信息的分享与交流。智慧粮食在传统粮食管理的基础上，以网络为基础，通过粮食数字化实现资源高度共享、信息高速流动，建设数字化监测、预警与管理环境，推动各项工作的智能化。

智慧粮食的功能与作用包括三个方面：

（1）构建粮食信息生态新体系，采用开放创新、以人为本、跨界融合的理念，为政府管理部门提供科学化决策，为农户提供个性化特色定制服务。

（2）实现粮食生产、流通各个环节中各应用系统的大协同，互联互通、深度融合、协同工作，发挥各部门优势，驱动信息流快速有效运转。

（3）通过粮食物联网感知数据、粮食云存储和计算数据、粮食大数据分析和挖掘数据，达到粮食万物多元互联、粮食云图灵活呈现、粮食安全全维掌控。

2 智慧粮食需求分析

建设智慧粮食首先需要明确生产者、使用者、管理者各方的需求,才能有的放矢,建有成效。而这又需要我们了解粮食流通领域的完整环节,摸清从收购到销售的运行过程,进而梳理出信息化建设的业务目标,合理选择信息技术,最终达成建设目标。

2.1 粮食流通环节

在智慧粮食建设中,应对粮食流通各环节进行全面了解和分析。这对于智慧粮食需求分析是十分必要的。总体来看,粮食流通环节包括粮食收购、粮食仓储、粮食运输、粮食调拨、粮食加工、粮食销售等六个环节。

2.1.1 粮食收购环节

粮食收购,是双方通过协商价格、检测质量、协商除杂比率、过磅、卸粮入仓、计算付款等一系列步骤进行的。为了国家能够准确制定粮食宏观调控政策,掌握粮食经营者和企业对商品粮的控制情况,应该建立健全粮食收购结算卡制度。通过农户结算卡,粮食部门能全面掌握社会商品粮收购的各类信息,为资金管理、发票稽核、发放种粮补贴提供准确依据,为国家各种粮食政策出台提供直接的数据支持。

2.1.2 粮食仓储环节

随着科技的发展,各种新技术也广泛运用于粮食仓储中。使用信息化技术,可对粮食仓储各个环节和步骤的数据进行科学的量化;使用机械化、自动化装卸搬运技术和分拣技术,能大量降低人力成本,提高粮食仓储效率和精准度;使用先进的仓储管理技术,如看板管理、精益管理、持续改进、平衡记分卡等技术,能有效提高仓储管理环节的科技化水平。在粮食仓储环节,建设粮库信息集成系统,及时、准确地采集粮食出入库、日常保管等信息,并与粮库管理系统集成,实现粮库业务、财务、税务的集成。

2.1.3 粮食运输环节

在互联网经济的带动下,我国物联网技术得到了巨大的发展,由此带来了物流业的深刻变革。在物流环节中,管理员可先将产品和运输车辆的相关信息进行及时录入,完成订单号与所需发货农产品条码之间、农产品与运输车辆之间的关联,最后将关联数据上传至系统数据中心。该环节可实现运输过程的可视化,做到产品运输车辆的及时、准确调度,从而提高运输效率,尽量避免无效运输。在粮食物流环节,建设区域粮食物流公共信息平台,通过车载终端、RFID 电子标签等获得运粮车船的在途信息,实现粮食运输的监管和调度,并且在粮食流通相关企业之间共享信息,减少车船空返率,提高粮食运输效率。在上述系统的基础上,形成粮食流通 RFID 及其他信息系统应用行业标准,促进粮食流通信息化建设,保障国家粮食安全。

2.1.4 粮食调拨环节

粮食调拨是指当某地发生粮食短缺时,国家下达粮食调拨命令,要求各地粮食部门快速、安全地调运足够的粮食到达目的地。如何将供应地提供的粮食分配给各需求地,能否快速地将粮食调拨到目的地,以及如何在粮食调拨中降低调拨成本是粮食调拨决策要解决的主要问题。由于目前粮食行业管理信息化水平相对落后,国家对粮食管理的决策缺乏科学的依据,粮食调拨作为粮食管理决策的一项重要内容,也只是根据决策者自身的经验,人为地制定粮食调拨方案,方案的制定过程速度慢,且缺少科学的依据,从而导致粮食分配方案不合理,粮食调拨不及时,调拨成本居高不下等难题。

2.1.5 粮食加工环节

在新技术被大量应用的背景下,食品加工流程变得越来越成系统、成体系,技术更加先进,流程更加简化,成品粮质量和出品率更加有保证。随着技术的进步,新的设备普遍利用电子技术自动控制生产流程和设备运转,采用在线仪器连续检测产品质量和数量,根据食品质量的要求控制和改进粮食加工产品质量,进而选配和处理原料。智慧粮食的加工将向着更加便捷、自动和智能的方向发展。

2.1.6 粮食销售环节

粮食销售是指粮食生产者与经营者个人与群体在粮食从农户到消费者的流通过程中,实现个人和社会需求目标的一系列活动。我国农业生产产业化水平较低,产品质量和种类跟不上,产品规模化生产欠缺,对粮食的市场营销不够重视,只专注于粮食的生产和管理,而对市场的需求和供给缺少调查,盲目生产,品种单一。而在智慧粮食的背景下,粮食销售也将受到智慧环境的影响,并由此而发生一系列的重要变革,最终实现粮食销售到智慧粮食销售的转变。

2.2 业务目标需求分析

2.2.1 业务协同办公对信息化的需求

实现粮库内部业务协同,统一对外出口。内部业务协同是指通过业务应用门户,实现粮库与各省、市、县粮食局之间纵向和横向数据交换,信息资源互联互通,提高粮食局业务管理、监督和服务水平;统一对外出口是指通过公共服务平台,为市、县粮食企业提供信息化和网上交易服务,为农户等提供查询服务。根据政府和公众用户的不同业务和安全等级需求,可分别通过业务应用门户和公众服务门户进行登录使用。

2.2.2 粮食收储管理对信息化的需求

粮库仓储企业需要进行粮食出入库一体化管理,在这些粮食流通过程中要实现统一的电子收购凭证和电子码单;本次信息化项目将开放给粮食企业使用,各企业本身需要的经营、结算、统计管理和财会系统必不可少,另一方面行政管理部门也需要根据农户售粮信息,对其发放结算卡;行政管理部门需要能查询粮食流通环节的相关信息,农户可查询本人售粮数量、品种、等级和补贴信息,使政府补贴更公开、透明。

2.2.3 储备粮管理对信息化的需求

根据粮食局"监督检查储备粮的库存、质量和安全;协调储备粮的收购、储存、调运等工作"的职能,行政管理部门要对储备粮进行计划和轮换管理,实时远程监管储备粮数据图表、视频等,查询储备粮粮情,对储备粮规模等进行决策分析,并定期对储备粮承储企业进行纪检监察;储备粮承储企业抽样送检,粮油质量检测机构对储备粮的入库质量和品质等进行检测,并出具质检报告给承储企业;储备粮承储企业需要对储备粮库内的粮情进行实时监测,对储备粮数量、品种、等级等信息进行统计,并对本企业内的费用进行结算;在进行储备粮各项业务检测时都需要进行签章,保障信息安全,实现省储备粮管理的网上协同及流程可溯可视。

2.2.4 原粮安全监管对信息化的需求

目前,在粮食的来源及去向方面存在一定的安全隐患。为实现深度追踪粮食的来源,跟踪粮食的去向,保证粮食安全,需要建立原粮数量、质量可追溯系统,对粮食流通环节进行透明化、信息化管理与监控。一旦发生粮食安全问题,行政管理部门可以一方面通过粮油监测机构对粮食进行品质和卫生监测,另一方面对粮食流通环节的仓储企业、加工企业进行质量追溯。

2.3 数据管理、挖掘、分析的需求

信息资源的开发、利用、共享,将成为信息化建设过程中最重要的指标之一,而信息资源系统的建设与管理是利用共享的前提。

为了提高共享数据的质量,便于用户快速、有效地使用数据,对采集交换至中心的数据提供统一的数据转换、清洗、比对、关联、整合等管理,以及统一的安全认证、授权管理,统一的备份/恢复机制,统一的信息资源更新机制等,以保证数据资源的安全、准确,支持方便高效的共享服务。

数据共享内容可以分为基础信息、交换信息、主题信息、决策支持信息、政务业务公开信息等。这些信息都是在跨部门主题应用建设过程中,由平台统一采集、交换,逐渐沉淀在中心,并由中心负责数据管理,以及多维度的数据挖掘分析,为部门提供批量数据交换、共享信息目录导航、共享信息查询等数据共享服务。

支持粮食流通管理数据中心与粮食生产流通、宏观调控、产业发展、粮政管理,以及其他信息资源库相互间的数据交互利用,通过信息化建设平台、粮食流通管理数据中心面向各职能部门及业务应用者提供按需数据服务,可实现服务封装、注册、发布、组合、集成管理等功能。

对共享资源采取目录管理模式,有利于领导、各个部门全面了解和利用全局信息资源。目录主要用来管理两类资源:信息资源和服务资源。其中服务是指可以

重复使用的,能完成某种功能的应用程序模块。众多分布在不同位置的这类功能模块采用 Web Service 技术打包成 Web 服务,通过目录实现有序化整理和管理,提供给大家共享,减少重复开发。

2.4 信息技术催动智慧化升级

2.4.1 大数据吹响智慧粮库前进的号角

在粮库智慧化建设中引入大数据技术,实现管理者对仓储、收购、运输等一系列数据的实时掌控,管理者和技术专家足不出户就可观测到粮仓里的实景及相关数据,准确判断粮仓的使用情况,实现仓储的有效调度。合理控制粮仓的通风、降温等操作,不仅能避免因自然因素造成的质量下降,而且可以避免因市场供需失衡带来的经济损失。传统的农业生产方式应向数据驱动的智慧化生产方式转变。

2.4.2 云服务与物联网确保粮食安全

粮食安全包括数量安全和质量安全。云服务与物联网技术在很大程度上能帮助解决粮食安全问题。粮食的生产情况、收购的品种质量、储存的新鲜程度、调运的物流情况及销售时的市场物价等等都可以通过云服务与物联网技术联系起来,让大量的信息能够存储在云端运作,实现随时随地可感知、可查询、可利用、可管理的粮食宏观调控服务。

2.4.3 数据可视化展现分析粮库信息

管理者可利用表格、图形、地图,甚至包括文本在内的多种方式发现粮食信息化建设中的关联关系,可以直观的方式传达抽象的信息。使得粮食的管理者能够目睹、探索及立即理解大量的相关信息。

2.5 建设内容需求分析

深入推进智慧粮食工程建设,核心内容是打造粮食流通数据中心,建设政务业务内网及商务服务外网,开发政务业务平台、物流商务平台和公共服务平台,形成粮食信息共享应用体系、一体化信息服务体系、信息化标准体系和信息安全体系,完成粮情监测预警信息系统、粮油仓储信息系统、粮油加工业信息系统、粮食质量安全监管信息系统、粮食监督检查信息系统。

2.5.1 数据中心

围绕粮食购销、储运、加工、管理等业务环节和监管需求,开发并完善统一数据接口的主要业务管理系统,整合各类业务数据信息资源,着重建设粮食行政机构类数据库、粮食行业人员类数据库、粮食企业类数据库、粮食企业信用类数据库、粮食购销加存储基本数据库等一批粮食信息资源基础数据库群,逐步形成粮食数据存储、处理、分析和服务中心,并依据管理权限,分别建立省级中心和市级分中心,实现粮食数据资源的汇聚和共享。同时,以此为基础,建成以GIS技术(地理信息系统)应用为核心、云计算和大数据技术为辅助的规模以上粮食经营主体基础数据动态监控体系,建设粮食应急指挥、宏观调控、预警预报、决策支持等系统,实现数据信息的积累基本满足粮食流通管理和社会服务的需要,信息资源得到深度发掘和广泛利用,信息产品日益丰富。

2.5.2 信息网络

为满足政务应用,需要形成统一完整、安全可靠、管理规范、保障有力的粮食流通电子政务网络平台;有序推进粮食行业业务协同和政务资源共享,使粮食行政管理部门整体运行效率和社会服务效能显著提升;进一步增强对粮食突发事件的监控、决策和应急处理能力及粮食宏观调控的能力,使决策的科学性和有效性不断提升。

1)粮食政务内网

充分利用已有信息基础设施,建设统一的国家、省、市、县各级粮食电子政务网络,有效推进政务内网、政务外网建设,逐级实现与国家电子政务内网、外网的互联互通,打造政务综合信息服务平台。建设统一的密钥管理体系、网络信任体系和安全管理体系,加快实施信息安全分级保护制度,加强安全存储、数据备份与恢复、主动防护、安全事件监控等信息安全保障,提高粮食电子政务信息系统的安全保障能力。

依托统一的粮食电子政务网络和信息安全基础设施,以粮食行业业务协同需求为导向,积极推进跨地区、跨部门信息共享,明确共享信息内容和程序,制定信息共享制度,保障共享信息安全。围绕粮食行业业务流程,优先选择业务流程相对稳定、信息密集的粮食业务开展应用系统建设,改造和完善已建应用系统,提升业务协同、信息资源共享、信息服务水平。

2)粮食服务外网

主要依赖于互联网完善系统外网建设,依靠移动互联网技术完善移动终端,以满足公众信息服务、商务物流应用、移动平台和视频会议等应用需求。

2.5.3 信息平台

1）粮食政务业务平台

（1）移动办公自动化平台

以提升行政效能、降低行政成本、提高服务水平为宗旨，分步、分级实现粮食行政管理部门机关办公自动化及网上权力公开透明运行，实现机关内部行政管理数字化、流程标准化、办公网络化、信息公开化。完善省、市、县三级政府门户网站建设，推进政务公开，完善网上办事和交流互动功能。依托 PKI 平台、CA 认证、电子印章、传输加密等技术，建设粮食行政管理部门电子公文交换系统，结合办公自动化系统，实现跨平台、跨部门的信息互联互通和业务协同，实现公文流转无纸化、档案管理电子化。并通过移动互联网技术，满足移动终端用户的各类需求，给用户带来更便捷体验，建设粮食部门移动终端视频会议系统。

（2）粮食政务业务管理平台

建设业务协同、多级联动的一体化的粮食政务管理和粮食业务管理统一平台。在此平台下，依据业务门类，开发具有完善、统一数据接口的主要业务管理系统，包括粮食流通监督检查政务系统、储备粮管理系统、粮食流通统计系统、仓储企业登记备案系统、粮食市场监测系统、财会核算审计系统、粮食质量监管系统、业务资格管理系统、粮食收购管理系统等，实现粮食行政管理和主要业务管理的网上运行，全面提高行政效能及流通监管和宏观调控支持能力。支持和鼓励仓储企业粮库信息化系统（包括粮情测控系统）、物流企业感知物联网技术、加工企业全过程自动控制等行业信息化技术项目的试点和推广应用。

（3）财务会计信息集成共享平台

提高粮食企业和粮食行政管理部门财务会计工作的智能化和信息化水平，建设"高效、便捷、安全、稳定"的、覆盖各省以及基层国有粮食企业的财务会计信息互联平台，促进信息资源共享。建立与现有粮食信息网络既互联又相对独立的粮食财务报表报送专用数据传输网络，实现国家与省、市、县直至基层粮食企业的互联互通，提高财务数据上报的及时性和安全性，促进财务信息集成和共享。完善财务监督功能，实现重要财务指标智能分析，提升粮食财务信息评价能力和科学决策水平。

2）粮食现代物流商务平台

建立覆盖跨省粮食物流通道及主要节点的粮食现代物流信息体系，建设一批面向重点粮食物流区域、物流节点、物流园区的公共信息平台,实现我国主要粮食通道的粮食流量、流向和流速的动态监测,提升粮食物流信息监管和共享水平,提高粮食物流效率,降低物流成本。

(1)粮食物流企业管理信息系统

积极引导、支持粮食物流企业利用信息网络技术改造和提升传统业务流程,实现企业粮食物流业务环节管理信息化。积极鼓励大型粮食物流企业实行信息化改造,实现企业间数据和信息的互联互通,形成系统化的物流综合管理平台。

(2)粮食现代物流公共信息平台

基于物联网、云计算、定位、地理信息等技术,结合现有政策性粮食交易平台系统、全国粮食动态信息系统以及大型企业物流网络系统,整合公路、水路、铁路运输等部门的基础物流信息,建立统一采集指标、统一编码规则、统一传输格式、统一接口规范、统一追溯规程的全国和区域粮食物流公共信息平台,形成物流信息化服务体系。完善粮食物流标准化体系,建立物流信息采集、处理和服务的交换共享机制,构建以信息平台为中心的物流信息共享体系。推动现代物流和电子商务紧密结合,实现资金流、物流、信息流的融合互通,提升粮食物流信息资源服务水平和利用效率。

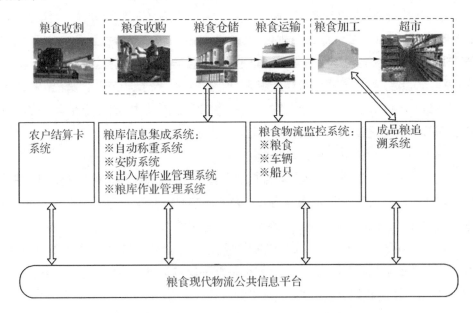

图 2-1 粮食现代物流公共信息平台示意图

（3）粮食现代物流监管平台

建设粮食物流监管调度系统,全景展示粮食主要通道的物流状况,实时监控粮食物流信息,发布粮食流通相关指导信息,为粮食宏观调控、应急处理提供有力保障。

加快建设粮食物流地理信息平台。通过地理信息系统直观展示主要粮食物流通道及主要节点项目分布,各主要节点项目设施条件、投资安排情况、物流中转能力及各年度主要粮食品种中转量等信息,统筹项目建设,优化资源配置,降低流通成本,并根据突发事件和粮食应急预案,指导、协助粮食流通的调度。

完善粮食交易市场物流信息直采系统。使用物联网技术标识粮食交易市场中的交易主体,及时采集市场交易的粮食品种、数量、价格、品质和储运等信息,并与国家粮食物流数据中心互联互通。

3）公共服务平台

公用服务平台是粮食服务信息综合度高的管理信息系统,它以网络业务管理、信息交换和信息共享为支撑,以建立综合、开放的公共信息服务为目的,其总体功能为:公用信息的及时交互和共享;智能化实时事务处理;为用户提供在线的政府粮食职能部门"一站式"服务的集成环境;安全认证支持;为政府提供行业管理决策支持;为中小企业提供高效、低成本的服务管理专业工具,并提供行业化应用托管服务;具有公共服务活动的全面监督、协调与信息沟通功能。

2.5.4 支撑体系

智慧粮食工程建设有四个体系,分别是粮食信息共享应用体系、粮食公共信息服务体系、信息化标准体系和信息安全体系。

1）粮食信息共享应用体系

（1）军粮供应服务信息体系

加快军粮供应信息化基础设施建设,完善军粮供应管理信息系统,提升军粮供应信息统计分析能力,增强军粮供应信息安全保障能力,提高军粮供应信息化水平。

① 军粮供应业务管理信息系统

完善军粮供应综合信息管理系统,搭建军粮供应粮油品种、粮油等级等基础数据库,实现信息共享和财务核算电子化。优化整合办公自动化系统,按照不同类型军粮供应单位的业务需求,实现各类原始数据的共享。开发粮油购销信息系统,实现商品进货管理、商品零售管理和商品收、支、存管理的信息化和自动化。

②军粮仓储管理与质量监控

开发军粮仓储信息系统,实现经营管理、生产管理的信息化。开发军粮质量监管系统,全面采集加工企业管理、库存粮食质量管理、部队满意度信息,动态掌握加工企业资质、生产能力、产品质量、价格信息和库存粮食出入库、扦样、检化验任务、化验单信息等。

③军粮应急保障系统

开发军粮应急保障系统,建设应急机构、应急人员、应急物资等应急保障基础数据库,提升应急指挥管理、应急物资管理、应急资金管理和应急演练保障管理水平。开发军供地理信息系统,指导应急储备粮库科学合理建设。

(2) 粮食市场信息体系

建立完善的粮食收购、零售、批发市场信息管理系统,及时、准确地收集、整理、传输和分析各类粮食市场的信息,为改善粮食宏观调控提供信息支撑;完善全国统一粮食竞价交易平台,实现粮食现货的网上交易。

①粮食收购市场信息系统

开发全国粮食收购资格动态管理信息系统。实现国家、各省、市、县粮食收购资格相关信息的填报、上报、催报、统计和分类查询,实现全国粮食收购资格信息共享;定期对粮食收购资格信息进行汇总分析,满足政府部门掌握全国粮食收购资格主体变化信息需求。

开发农村粮食经纪人信息管理系统,实时查询并汇总分析国家、各省、市、县农村粮食经纪人的数量、收购粮食的规模等信息,为政府加强农村粮食经纪人的规范管理、科学管理提供决策信息。

②粮食零售市场信息系统

开发粮食零售网络信息管理系统。实现粮食零售超市、便民连锁店、农村集贸市场等城乡粮食供应网点数量、布局及经营信息的实时统计、查询、分析、汇总。

加强粮食零售电子商务建设。深入开展粮食电子商务服务应用模式研究,普及和深化粮食电子商务应用,鼓励粮食销售企业建立或依托第三方电子商务平台开展网上交易,完善粮食电子商务的在线认证、支付等支撑体系。

③粮食批发市场信息系统

建立粮食批发市场交易信息系统。支持全国商流批发市场会员、成品粮批发市场经营商户情况以及商流市场、成品粮市场交易品种、数量、质量、经营额等信息的填报、汇总、分析、查询等；根据商流市场、成品粮市场的建设与发展对信息系统进行动态更新，并及时向政府相关部门报送粮食批发市场交易信息。

加强全国统一粮食竞价交易平台建设。提升交易平台的技术框架、硬件设施和软件，逐步扩大交易系统的市场联网范围，完善统一交易规则，建立客户信息档案，改进交易平台技术后台管理方式，提高交易平台的运行效率；完善网上支付系统，提升客户服务平台，建设更加灵活和方便的交易和客户查询系统，方便客户在更多的网络和平台下参与网上交易，强化竞价交易平台的信息统计和报送能力，及时对交易的性质、品种、价格、数量、成交额、交割情况等信息进行分析汇总，定期逐级上报市场交易信息。

加强粮食批发电子商务建设。积极创新粮食批发网络销售模式，鼓励和引导成品粮经营企业开展网上批发交易业务，完善粮食批发的网上竞价、协商交易规则，完善粮食批发电子商务的网上资金结算、划转、保证金代管等支撑系统。

2）粮食公共信息服务体系

依托粮食行业综合信息服务平台，完善粮食行业公共信息服务体系，健全服务手段，探索建立信息服务长效机制，提高粮食行业社会化、专业化信息服务水平。

（1）粮食信息服务手段

结合粮食流通信息化管理及服务网络，增加粮食信息服务内容的数量并提高质量。根据各地粮食生产、经营情况，依托粮食经纪人、粮食企业等建立农村粮食信息员队伍，扩大粮食行业互联网、移动终端的应用范围，通过短信、彩信、手机报、手机终端等方式，为粮食行业从业人员、企业提供全面的粮食信息服务。

（2）粮食信息服务专业化

拓宽与各类大型粮食行业分析机构、企业的合作，建立专业化粮食行业信息分析团队。综合分析我国粮食调控政策、宏观经济、国际传导、供需平衡、市场竞争、生产成本、农民预期、比价关系、自然灾害等因素，提高对我国粮食政策及行情的分析预测能力。合理利用专业化粮食报刊、杂志及门户网站以及传统的电视、广播等媒体，建立统一的定期信息发布机制，面向社会发布粮食行业市场权威分析报告及指导意见，增强粮食信息的专业化服务水平。

（3）粮食市场行情信息服务机制

加强与各级粮食交易市场、国内主要粮食电子商务企业、大型粮食加工、仓储企业的合作，密切关注各地粮食价格行情，并建立粮食价格的实时反应机制，完善粮食行情信息的汇聚与发布渠道,以各种直观的方式快速地将各类粮食行情信息传达至粮食种植农户、加工、收储、贸易运输企业,指导其对粮食行情的判断,提高其种植、经营收益能力。

3）信息化标准体系

建立完善的粮食流通信息化标准体系,制定粮食信息分类、采集、存储、处理、交换和服务等一系列标准与规范,加快建立健全粮食流通信息化标准实施机制,强化标准在粮食流通信息化建设各个环节中的应用。

构建科学、合理的粮食流通信息化标准体系。全面梳理粮食行业行政管理、企业生产的标准需求,修订完善已有标准,优先制定粮食流通信息化建设所需共性的、基础性、关键性标准。同时,结合系统开发,分步研究制定信息网络和硬件设备技术标准、粮食行业信息数据源采集基础标准、信息分类和编码数据标准(包括流通统计管理、仓储管理、储备粮管理、粮情管理等)、信息技术应用标准(包括电子政务、电子商务、粮食物流、GIS应用、物联网等)和信息化安全技术标准,形成包含信息资源标准、应用标准、信息网络标准、服务标准和管理标准的粮食流通信息化标准体系。

4）安全保障体系

在实现资源共享和开发利用的同时,加强信息化安全保障措施,提高粮食行业信息网络安全的保障能力。建立信息网络安全监管组织领导机制,形成统一的信息安全协调管理体系,加快制定安全基础标准、物理安全、网络安全、系统安全、应用安全和数据安全标准,实现对不同安全域按照等级保护有关要求进行相应的安全保护,确保信息和系统的保密性、完整性和可靠性。对涉密信息采用人防与技防等措施进行严格管理;对于非涉密数据,要注重信息资源互联互通。另外,定期对信息网络进行安全保密性能综合测试与评估,充分利用加密、集中控制等技术手段,切实加强安全防范体系建设。

2.5.5 信息系统

1）粮情监测预警信息系统

建立以粮食供求形势和市场价格为重点内容的监测预警系统,为粮食宏观调控提供信息支撑,增强粮食宏观调控的前瞻性、针对性和有效性。

（1）粮情基础信息采集

提升粮食购销存动态信息监测能力。加强整合,形成网络化粮情信息监测平台,促进粮油市场监测信息的实时汇聚和动态更新。通过各级粮食行政管理部门对辖区内所有国有粮食企业、重点非国有粮食企业和重点粮食加工转化企业等的粮食经营数量信息、粮食收购、销售和库存数量等信息的采集,全面掌握粮食收购、销售和库存等动态变化情况,实现对粮食流通形势的实时监测。加强对粮食进出口监测和调控,合理利用国际市场,进行品种调剂。

提升粮食供需监测能力。科学、合理地设置城乡居民、餐饮企业和各类涉粮企业固定调查点,稳步扩大农户、城镇居民户和企业的抽样调查范围,从粮食供给、需求和消费数量方面实现对当前和未来的粮食供需形势的监测预警,提升国内粮油供需状况监测信息的可靠性和准确性。

建立国有粮食企业改革和发展信息系统。采用分级管理模式,实现联网互通,逐级报送全国国有粮食企业改革情况调查表、国有粮食购销企业改革情况调查表等有关数据,实现历史数据检索、查询、对比等信息服务,完善各地企业改革和发展工作沟通机制。

(2) 粮情监测预警

提升粮食监测预警能力。综合考虑粮食品种、价格类型、区域布局和监测点等因素,科学、合理地设置粮食市场信息监测直报点,通过网上直报的方式收集粮食市场价格信息,实现对短期粮食价格走势的监测预警,增强粮食价格动态监测预警能力。

加强粮油市场监测预警模型的研究。开发粮油市场监测预警系统,通过分级定等的方式动态反映区域粮食安全状况,实现对粮食供应和保障能力的综合评判,提升粮食宏观调控能力和国家粮食应急响应能力。搭建应急保供信息平台,实现相关部门在应急指挥、储备调节、应急供应保障、公共信息发布等方面的业务协同,提高应对突发事件和风险的能力。加强各地粮食应急供应网点的信息管理,及时了解动态,掌握应急供应网点的粮食销售和库存情况。

2) 粮油仓储信息系统

开发建设仓储管理信息系统,逐步建立和完善粮油仓储管理信息化体系,在行政管理、行业指导、社会服务和企业管理等层面拓宽信息化应用范围,提升管理水平。

(1) 粮油仓储管理信息系统

围绕仓储管理环节,以粮油仓储单位备案、仓储业务指导及信息共享服务功能为主,建立面向各级粮食行政管理部门及各类粮油仓储企业的管理信息系统。促进各项业务数据进入全国粮食动态信息系统数据库,实现管理环节信息资源的共享。

建设并完善粮油储藏技术服务信息系统。开发不同储粮生态区域、不同粮食品种的粮油储藏技术数据库、方法库和智能控制模型,通过在线服务等方法,向农户、仓储企业、加工企业提供优质技术服务,推广先进、适用的储藏技术。

(2)粮油仓储企业业务管理信息系统

立足现实需求,在仓储企业、特别是大中型储备粮库中大力推进业务管理信息化,提升仓储管理的信息化和自动化水平。采用先进、成熟的软件开发技术,建设具有开放性、可扩展性的粮油仓储业务管理信息系统,实现仓储、经营、质量、办公、人财物、安防监控等各环节的信息化管理以及业务模块之间的协同。指导中小型粮食购销企业使用功能简便、成本低廉、易于操作的粮食购、销、存管理软件,提高信息化管理水平。

(3)自动化作业系统

利用自动控制技术,提升作业过程的自动化水平。通过电子标签或条码技术,实现对来库办理业务的车、船、火车等出入库作业过程的自动跟踪和控制,实现对装粮、卸粮的车辆身份识别、自动扦样、称重、业务合法性判定和粮油出入库信息自动记录。研究开发用于控制筒仓进出仓设备的自动化控制系统,提供远程访问控制和数据通信。

3)粮油加工业信息系统

推进信息化与粮油加工企业生产过程、经营管理的深度融合,提高业务流程优化再造和产业链协同能力,提升粮机装备国产化、智能化水平及产品研发设计水平,增强自主创新能力。

(1)生产过程智能化集成应用

推动粮油加工生产过程的自动化和智能化建设。提升粮油加工业关键生产工艺、核心装备及生产线的集成化、智能化水平;推动粮油加工业的生产过程状态监测、质量控制、节能减排、快速检测系统的建立和应用,建立产品质量和安全的全周期管理体系。

提高粮油加工装备设计与制造的智能化水平。利用计算机辅助工程分析(CAE)、虚拟仿真和数字模型等先进设计工具,实现产品设计数字化,鼓励产品开发和工艺流程中的智能感知、知识挖掘、工艺分析、系统仿真、人工智能等技术的集成应用,推动大型高效低耗粮机装备的智能化、网络化。

(2)粮油产品质量安全追溯信息系统

建立粮油加工产品质量安全追溯信息平台。采用物联网技术、射频识别技术

（RFID）、快速检测技术等，采集和管理加工过程的生产工艺、环境、产品质量等信息，实现原料产品加工过程跟踪、质量控制生产周期的全程监控，形成粮油产品质量安全追溯信息系统。在企业质量安全追溯信息系统的基础上，采用云计算技术等，建立全国粮油加工产品质量安全追溯信息服务平台，实现多企业间质量信息的评估、监管和信息交换。

（3）粮油加工信息服务

推进加工企业资源管理系统（ERP）、客户关系管理（CRM）、供应链关系管理（SCM）等现代管理信息系统的应用，加强系统整合与业务协同。在骨干企业推进产、供、销、研、经营管理与生产控制，业务与财务全流程的无缝衔接和综合集成。

建立"放心粮油工程"信息服务平台，汇总"放心粮油"供应服务体系等基本信息，配送中心、"放心粮店"和销售网点布局信息，承担公共服务、质量安全、信息上报、在线查询、数据分析、信用评价、企业诚信电子档案等功能，为社会公众提供信息服务。

建立面向中小企业的研发、设计、服务平台，提供工业设计、虚拟仿真、样品分析、检验检测等软件支持和在线服务。加快研发、推广适合中小企业特点的企业管理系统。推动面向中小企业的信用管理、电子支付、物流配送、身份认证等关键环节的集成化服务。

4）粮食质量安全监管信息系统

开发全国粮食质量安全检验监测信息预警系统，检查信息系统和检验监测资源管理系统，完善粮油标准数据库，提升粮食质量安全监管信息化和规范化水平，切实提高政府监管和公共服务能力。

（1）粮食质量安全监测与检查管理信息系统

建立粮食质量安全监测信息系统，第一时间掌握收购粮食的常规质量、内在品质、卫生污染等情况，为完善国家收购政策提供依据，指导粮食收购，调整种植结构，促进农民增收，确保国家粮食质量安全。

建立粮食质量安全检查管理系统，动态掌握地方各级粮食行政管理部门日常质量监管工作开展情况，强化层级监管；动态掌握粮食经营企业内部质量安全管理信息，强化企业质量安全第一责任的职责；开发库存粮食质量安全检查管理信息系统，实现国家和地方库存粮食质量检查数据的上传和汇总分析，提高库存粮食质量检查工作效率，实时掌握库存粮食质量安全状况。

（2）粮食质量检验监测资源管理信息系统

搭建省、市、县三级检验监测资源管理平台，掌握全国粮食质量检验机构建设、人员队伍、经费落实、仪器配置、检验水平等情况，指导粮食质量检验监测体系建设；掌握各级检验机构日常工作开展情况，对相关业务进行指导和管理；有针对性地开展业务培训和考核，推动检验检测能力提升。

（3）粮油标准化管理系统

建立粮油标准化管理系统，逐步实现粮油标准化工作动态管理。建立粮油标准制、修订工作管理系统，推进粮油标准申报、立项、征求意见、审定、报批、批准发布等全过程实时管理；建立粮油标准研究验证体系、管理体系及专家库查询系统，提高粮油标准验证、征求意见等工作的效率和水平；建立粮油标准数据库查询系统，提供粮油标准文本或摘要、会议信息、学术文献以及相关基础研究数据等技术资料的在线查询或咨询链接；建立粮油标准宣贯评估系统，加大粮油标准的宣贯力度，提高其时效性，便于粮油标准在实施过程中各方意见及时反馈。

5）粮食监督检查信息系统

建设粮食监督检查信息系统，统筹规划，分类指导，有序推进中央与地方之间的信息共享，实现各级粮食监督检查工作信息化和管理智能化，提升粮食流通监管能力。

（1）粮食监督检查管理信息系统

建设粮食流通监督检查体系管理信息系统，动态掌握粮食行政管理部门的机构建设、制度建设、人员队伍、执法培训、经费落实、执法证件等管理情况，指导推进行政执法体系建设；动态掌握监督检查行政执法各项工作的开展情况，有针对性地对检查工作进行分类指导，强化层级监督；动态掌握监督检查示范单位有关情况，推动监督检查示范单位创建工作。建立粮油库存检查专业人才信息库，为多样性开展粮食流通监督检查奠定基础。

（2）粮油库存动态监管信息系统

以粮情基础信息采集平台为依托，开发粮油库存动态监管系统。系统基于粮油库存管辖权限，按照设定检查要求，依据提取的粮油企业库存基本数据信息进行分类检查，实时提供特定监管对象的粮油库存管理状况，为各级粮食行政管理部门开展粮油库存日常监管、随机抽查、突击检查、案件核查等工作提供技术支撑，实现对粮油库存数量、质量、储存安全情况的动态监管。

开发粮油库存检查管理信息系统。基于粮情基础信息采集平台，自动实现检查时清点粮油库存统计数据的分解系统；实现检查数据由工作底稿到汇总表格的自动生成，逐级汇总审核，按规定条件查询、分析等功能；实现对检查工作要求的实时发布，辖区内各级库存检查文件资料的实时收集，检查工作进度的实时统计汇总，提高库存检查工作的效率和水平。

（3）经营者诚信档案和行政执法案件管理系统

建立粮食经营者诚信档案管理系统，动态掌握粮食经营者的基本情况及诚信经营情况，筛查重点监管对象，实现对粮食经营者的分类监管。实时记录粮食经营者守法经营诚信档案。适时公开诚信信息，加强社会监督，提高监管效率，提升粮食经营者诚信管理水平。

建立监督检查行政执法案件管理系统，动态掌握各地涉粮案件受理、立案、查处、结案、归档等信息，跟踪案件办理进度，指导各地行政执法工作。实现对案件分类、汇总、分析、总结，剖析典型案例，归纳发案规律，查找粮油监管薄弱环节，为完善相关政策制度、加强监管提供依据。

3 智慧粮食顶层设计

在"互联网+"时代,智慧粮食工程是一项综合性、前瞻性、技术性极强的工作,必须遵循统筹规划、统一标准、需求牵引、技术先进、精细量化及高效节约的原则。寻找科学的方法,"更好地工作,并降低成本"是科学研究的根本目的和实践发展的根本动力。如果不能统筹规划,建设方案缺乏严格的科学论证,将会造成各自为政、条块分割、增加开发成本、低水平重复建设。顶层设计正是智慧粮食建设的科学方法论,是克服其建设陷入"开发泥潭"的重要手段之一,是实现智慧粮食建设又好又快发展的需要。本章依据有关标准规范和文件规定,把智慧粮食工程各项需求与"互联网+"的思想相结合,就如何解决智慧粮食建设目标、指导思想、总体规划、设计方法等一系列顶层设计问题展开讨论,为规范智慧粮食建设起到了指导作用,有利于智慧粮食的科学发展。

3.1 概述

3.1.1 智慧粮食建设目标与指导思想

1) 智慧粮食建设目标

依据 2012 年国家下发的《大力推进粮食行业信息化发展的指导意见》:计划到 2015 年,基本完善粮食行业信息化基础设施,建成覆盖地市级以上的国家粮食电子政务网络,完成全国粮食动态信息系统;进一步提高粮食行业信息资源开发利用、信息系统集成、信息共享服务和业务协同能力;信息化自主创新能力明显增强,物联网、云计算的应用取得示范性效果,建成一批粮食行业信息化示范单位;信息化标准体系和安全保障能力进一步增强,行业信息化应用水平全面提高。预计 2020 年,形成统一完善的国家粮食电子政务网络平台;能够在粮食流通领域广泛应用物联网、云计算等信息技术,进一步健全粮食流通信息服务体系,进一步提高粮食电子商务水平;建立完善的粮食行业信息化标准体系和安全保障体系,大力增强信息化自主创新能力。

(1) 总体目标

①政务智能化

②业务精确化

③商务信息化

④服务网络化

⑤应用便捷化

(2) 具体目标

①综合基础设施先进。通过在粮食流通领域广泛应用物联网、云计算等信息技术,建成符合国家安全标准的,可实施有效控制和管理的,横向以国家、省、市三级粮食行政管理部门局域网为应用平台,纵向以国家粮食局为核心、省粮食局为枢纽,覆盖省、市、县并延伸至骨干粮食库点的"一纵三横"粮食流通管理骨干信息网络,夯实智慧粮食建设的信息设施基础。

②粮政管理实时高效。建成业务协同、多级联动的一体化的粮食政务管理和粮食业务管理统一平台,并依据业务门类,开发建设统一数据接口的主要业务管理系统,实现粮食行政管理和主要业务管理的网上协同运行,全面提高行政效能和流通监管能力。

③信息资源协同共享。支撑主要粮政业务的基础数据库群基本建成,形成以标准统一的粮食流通管理数据中心为核心,以流程协同、信息共享的模式建设开发不同需求应用系统,信息资源得到深度发掘和广泛利用。

④应用服务模式创新。形成比较健全的粮食信息化服务网络体系和先进技术应用模式。整合网站资源,完善以粮食局门户网站为基础的粮食政务网站平台,为政务公开、信息互动和公众服务提供有效支撑;物流、商务信息化技术应用快速发展,支持和鼓励粮食电子商务、电子物流、民生服务等信息化项目的开发应用;推动射频、传感等物联网感知技术在骨干仓储、物流企业中的应用,促进仓储、物流管理智能化、标准化。

(3) 能力目标

①现代粮食信息智能能力

紧贴粮食现代化目标任务,大力推进智慧粮食建设,努力实现粮食政务数字化、业务精确化、商务信息化和服务网络化。

②信息资源开发利用能力

健全粮食数据服务体系,建立完善数据中心,提高信息资源完备度,缩减数据采集和更新周期,确保各级各部门信息资源共享。

③业务系统综合集成能力

构建智慧粮食软件体系,增强信息系统兼容性、交互性和可移植性,加大集成力度,降低数据冗余,提高系统应用率、决策支持率和服务满意度。

④粮食辅助决策支持能力

及时获取粮食统计数据,有效缩短方案制定时间,提供快速有效的决策支持,提高粮食辅助决策支持可知、可视、可控能力。

⑤粮食安全保障支撑能力

降低粮食流通成本,提高粮食应急保障能力,增强粮食安全溯源,提升粮食安全和民生经济保障效能。

2)智慧粮食建设指导思想

以粮食流通科学发展为主题,以粮油仓储企业信息化建设为基础,以深化粮食信息资源开发利用和共享服务为主线,以提升应急保障水平、提高粮食宏观调控及监管能力、确保粮食数量与质量安全为目标,以粮食流通购、销、存动态管理信息系统建设为重点,加强顶层设计,坚持需求主导,加强网络信息安全和信息基础设施保障能力的建设,强化业务协同、信息共享和互联互通,有效提高公共服务水平,加快建成先进实用、安全可靠、布局合理、便捷高效的粮食行业信息化体系,全面提升粮食行业信息化水平。

3.1.2 智慧粮食建设原则与依据

1)智慧粮食建设原则

建设原则包括:统筹规划,协同共享;需求主导,注重实效;突出重点,有序推进;适度超前,保障安全。

(1)统筹规划,协同共享

"智慧粮食"工程建设涉及面广、工作量大、技术含量高,必须按照国家信息化战略部署,加强全国粮食行业信息化发展顶层设计,统一标准、统一规划,有序推进粮食行业信息化建设,避免低水平重复建设。因地制宜、合理布局,以点带面,稳步推进。理顺各种关系,减少重复建设。充分发挥各级粮食行政管理企业、部门以及有效的社会力量的作用,建立统一网络平台,统一应用平台,统一接口标准,合力推进粮食行业信息化建设。同时打破部门界限,以信息资源共享、利用为核心,优化资源配置,实现信息资源共享和业务高效协同。

（2）需求主导，注重实效

突出粮食行业特色，不盲目仿效其他行业，不盲目贪大求全，做到与实际现状、工作需求、技术趋势、行业发展密切结合。注重前瞻性、先进性、实用性和可靠性，优先采用成熟、适用的信息技术支撑整个粮食行业信息化发展。

（3）突出重点，有序推进

以提升粮食行业业务管理水平，降低粮食流通成本、提高粮食流通效益为重点，力争在一些关键领域取得重点突破。从实际出发，分类要求，逐步实施，突出重点，上下联动，选定有限目标，取得经验，以点带面，逐步推广；同时实行统分结合，上下互动，鼓励有条件的省（区、市）和企业分门别类先行先试，率先进行信息化先进技术和管理模式的开发应用，取得经验后推广。

（4）适度超前，保障安全

在规划设计阶段，采用先进的理念，建议优先采用自主可控的国产化设备和系统建设信息安全基础设施，做到适度超前。有序推进粮食行业信息化标准体系和安全保障体系建设，加强风险评估和安全防护，强化信息安全保密管理，确保粮食行业信息化基础设施和应用系统安全可靠。

2）智慧粮食建设依据

- 国家发展改革委、国家粮食局、财政部联合发布《粮食收储供应安全保障工程建设规划》（2015—2020年）
- GB/T 29890-2013《粮油储藏技术规范》
- 国粮展〔2012〕4号 国家粮食局关于印发《粮食科技"十二五"发展规划》的通知
- 《国家粮食安全中长期规划纲要》（2008—2020年）
- 国粮展〔2011〕224号《粮食行业"十二五"发展规划纲要》
- 《农业及粮食科技发展规划》（2009—2020年）
- 《大力推进粮食行业信息化发展的指导意见》（2012年12月）
- 2012年印发《粮油仓储信息化建设指南（试行）》
- GB/T19488.1-2004《电子政务数据元》
- GB/T20001.1-2001《标准编写规则 第1部分术语》粮油名词术语 粮油仓储设备与设施
- GB/T26882.1-2011《粮油储藏 粮情测控系统 第1部分：通则》
- GB/T26882.2-2011《粮油储藏 粮情测控系统 第2部分：分机》

- GB/T26882.3-2011《粮油储藏 粮情测控系统 第3部分：软件》
- GB/T26882.4-2011《粮油储藏 粮情测控系统 第4部分：信息交换接口协议》
- LS/T1700～1702-2004《粮食信息分类与编码》
- 中央储备粮管理条例（2003）
- 粮食流通管理条例（2004）

3.1.3 智慧粮食规划的主题与思路

1）智慧粮食规划的主题

（1）现代

主要是指粮食流通的现代化。由传统、落后的粮食流通向现代、先进的粮食流通动态转变的过程，包括粮食流通效率、粮食流通组织、粮食流通方式以及粮食安全保障，具有全面性、循序性、赶超性和长期性的特征。在促进粮食生产、降低粮食流通成本、增加粮食流通效益、保障粮食安全等方面发挥积极作用。

（2）安全

主要是指粮食安全。普遍性和全局性是粮食安全的两大特性，粮食安全的重要基础主要由粮食的主销区、主产区的储备、生产、加工、流通等粮食产业的一系列发展的状况构成。粮食安全状况的评价标准主要依据粮食储备保障、粮食应急保障、政府支持力度和质量安全水平这四个方面。

（3）智能

主要是指粮食流通信息化过程中采用的信息智能技术和设备。通过搭建数字化政务、精确化政务、信息化商务、网络化服务等信息平台，推动智慧粮食流通信息化、智能化的发展。

（4）绿色

2015年3月24日首次在中央政治局会议上提出"绿色化"。更深一层的意义在于，这是十八大提出的"新四化"概念的提升——在"新型工业化、城镇化、信息化、农业现代化"之外，又加入了"绿色化"，并且将其定性为"政治任务"。智慧粮食中的"绿色"主要是在粮食流通领域加快技术创新和结构调整、促进资源节约循环高效利用，重点是绿色科学储粮和粮食质量安全溯源，保证粮食生产、储藏、流通无污染，各项指标符合国家健康安全食品标准。

图3-1 智慧粮食规划的主题

2）智慧粮食规划的思路

在构建智慧粮食时,要思考如何利用信息化手段提高粮食管理水平,提升粮食公共服务能力;信息化如何在粮食的生产、收购、运输、加工、储存、销售等环节发挥作用;如何规范信息化建设与管理,规避投资黑洞、重复建设和信息孤岛。只有认真深入地思考这些问题、分析这些问题、找到解决办法,才能真正理解智慧粮食建设的目标和思路,有效地完成智慧粮食的规划与设计。

智慧粮食规划旨在全面分析粮食信息化的现状和需求,结合智慧粮食先进理念和经验的实证研究,构建粮食流通信息化发展战略体系,为智慧粮食的建设提供指导依据。初步分析的智慧粮食规划总体思路如图3-2所示,思路的核心是解决"做什么"和"怎么做"。

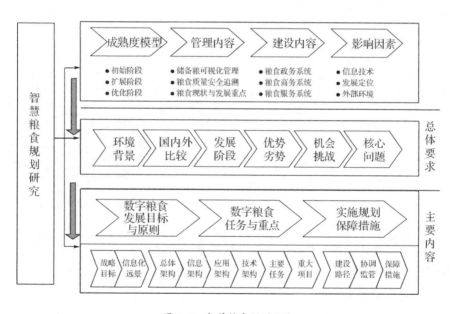

图3-2 智慧粮食规划思路

3.1.4 智慧粮食规划的内容与方法

1）智慧粮食规划的内容

智慧粮食的规划包含几个方面:智慧粮食的发展战略;智慧粮食建设的原则;智慧粮食建设的方向、重点及任务;智慧粮食的总体架构。

制定智慧粮食的发展战略:从需求的评估与整合出发,结合对已建应用项目的完善和整合,建立面向管理与应用的总体架构,并对各平台及资源进行整合。

制定智慧粮食的建设原则:为规范粮食信息化基础设施建设,提升承载信息化粮食的能力,从智慧粮食建设目标出发,依据粮食信息化建设有关规定,制定智慧粮食的建设原则。

制定智慧粮食建设的方向、重点及任务:从需求出发,明确智慧粮食建设的方向,分别从安全领域、管理领域及服务领域做好信息化总体规划,同时要做好基础设施增量投资规划,对于建设的重点内容要单独进行详细规划。

(1)背景与环境

背景分析主要是围绕粮食流通信息化的工作要求、工作部署、发展定位和发展措施进行,如图3-3所示。

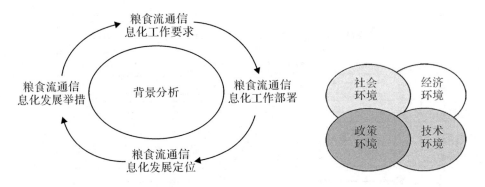

图3-3 粮食流通信息化背景分析　　图3-4 粮食流通信息化的四大环境

主要是在实施智慧粮食工程前对经济环境、社会环境、技术环境和政策环境做充分的调查和了解。

(2)现状与需求

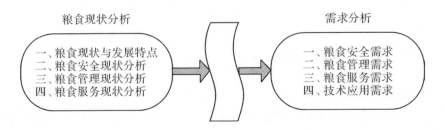

图3-5 粮食流通信息化现状与需求

(3) 智慧粮食发展战略

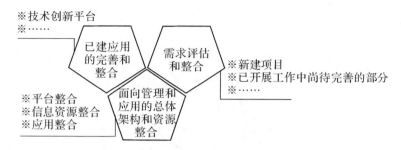

图 3-6 智慧粮食发展战略

(4) 智慧粮食总体架构与重点工程

内容详见本书第 4 章。

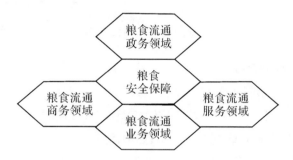

图 3-7 智慧粮食重点工程领域

(5) 智慧粮食实施规划

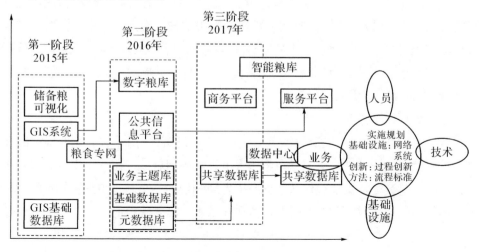

图 3-8 智慧粮食实施规划示例

（6）保障措施

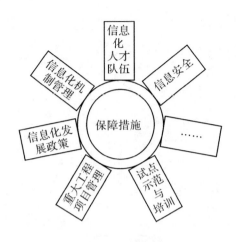

图 3-9 保障措施

2）智慧粮食规划的方法

（1）调查研究方法

人们在开展调研工作中要认真搜集揭示事物客观规律的资料,才能够获取合乎科学规律的结论。调查研究的方法,概括地讲应该分为两类,即对资料进行搜集的方法以及分析和研究调查的方法。

搜集资料的方法,有访问方法、座谈方法、问卷方法、实验方法、观察方法、文献分析方法以及对搜集来的各类资料的整理、记录等技术方法。分析和研究调查资料的方法,人们可以从定量分析法和定性分析法中去分析搜集到手的资料。定量分析的有相对数法、平均数法、相关分析法、动态数列法、社会计量法等;定性分析的方法有矛盾分析法、归纳分析法、比较分析法、科学抽象法、因素分析法、分析综合法、历史研究法、假设方法等。

（2）数据挖掘方法

从大量的数据中获取新颖的、有效的、最终可理解的、潜在并有用的模式的非平凡过程就是数据挖掘。美国早在第二次世界大战前就已应用在军事及人口普查等方面。目前数据挖掘被视作从数据库中发现知识的一个基本步骤。知识的发现过程由数据预处理、数据挖掘、模型评估和知识表达等步骤组成。

数据挖掘对数据库系统有一定的要求,需要其提供有效的存储、索引和查询处理支持,同时也快速地接收了其他领域的一些思想。这些领域包括进化计算、可视化、信息论、最优化、信息检索以及信号处理。分布式技术是帮助处理海量数据的一个好方法,当数据无法集中到一起进行相关处理的时候,分布式技术就显得尤为重要了。

(3)定性与定量分析的方法

定性分析方法主要有逻辑分析方法和比较分析方法。一般而言,定性研究较少涉及主题内的变量关系,主要是对有关事物性质、功能和特征等方面的描述,相较于数量关系,其更倾向于推理探索事物之间的逻辑关系。

定量分析方法又叫内容分析方法,是对内容进行客观而又系统的量化并加以描述的一种研究方法。定量分析的实质是将言语表示的内容转换成用数量表示的资料。随着计算机的普及,定量研究的应用越来越广泛。定量分析具有明显性、客观性、系统性和量化等特点。定量分析一般要经过四个步骤:抽样;确定分析单元和分析类目;量化处理;分析数据,得出结论。

(4)马尔可夫预测法

马尔可夫预测法是一种概率预测方法,它是根据变量的目前状况来预测其将来如何变化的一种预测方法。它不需要连续不断的历史资料,只需要最近或现在的动态资料便可预测将来。

将预测对象及其变化的过程视为一个系统,对于系统在各个阶段(或时间点)的状态和状态之间的转移概率是预测最为关注的信息。马尔可夫预测就是利用转移概率矩阵预测系统状态的变化趋势。

(5)德尔菲法

德尔菲法的本质是利用无法量化且具有较大模糊性的信息,例如专家的知识、经验、智慧等,以通信方式进行相关信息的交互,逐步取得较一致的意见,达到预测的目的。

德尔菲法是一种以专家会议法和专家个人判断为基础的,新型、直观的预测方法。专家个人判断,可以最大限度地发挥专家个人的作用,不受外界影响,但明显的缺点是受专家个人知识面、掌握信息情况及看问题的习惯角度等方面的限制。

德尔菲法融合了专家个人判断和专家会议两种方法的优点,通过发函个别、反复地对有关专家进行征询,每次征询后都对专家们的意见进行统计处理并匿名反馈给各个专家,以求专家重新考虑自己的见解(对原来的意见进行修正),这样几次反复便会使专家意见逐步趋向一致。

3.2 智慧粮食体系结构设计

技术架构规划是从信息化现状分析出发,结合 IT 技术发展趋势,对包括软件架构(包括软件架构选型、数据库选型、操作系统选型,以及其他关键技术如中间件、工作流、门户等的选型)与应用系统架构(包括总体框架、统一数据层、基础服务层、业务支撑平台层、业务平台层、信息门户层等的设计)等在内的内容进行设计和规划。

3.2.1 基于系统视图的智慧粮食体系结构

根据智慧粮食建设的要求和各单位实际情况,给出通用建设框架,建设单位可以结合自身单位的优势特色,有选择地进行子系统动态重组。

智慧粮食的总体架构为分层体系结构,共分三个层次,自下而上分别是感知层、网络层和应用层,如图 3-10 所示。

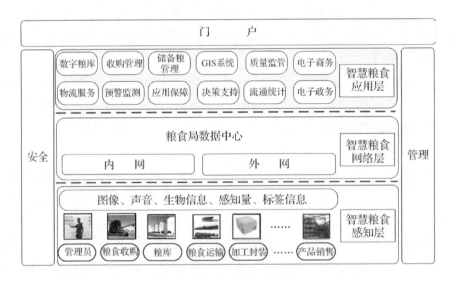

图 3-10 智慧粮食系统架构图

1) 感知层

粮食物联网感知层主要通过各类信息采集设备完成对人员、车辆、装备、涉密载体、粮食环境等信息的采集、处理和传输功能。对粮食场所范围内的各类目标信息通常采用 RFID、智能视频、传感器等多种技术进行实时监控并采集,例如:车辆通过 RFID、GPS 等技术对位置信息进行实时地采集监控；对营院的周围边界通过智能传感设备实时采集报警、越界等信息。在采集信息后,对这些信息进行逐级的融合处理,并传输至管控平台,平台对设施设备进行智能控制,从而达到协同感知和综合控制。

2）网络层

智慧粮食的网络层担负业务系统和网络设备层面信息的转换、业务设备信息的呈现以及网络设备的管理等功能。平台以模块化的方式构建,通过对各个部件的整组、编排和策略调度等方法,使得设备的数据接口和平台的信息模型得到统一,不仅可以有效地屏蔽物联网感知层各类相关设备,还可以屏蔽网络的复杂性和多样性,灵活支持各类场景的应用。图 3-11 和图 3-12 分别示意了粮食数据从采集到传输,以及从传输到分发的过程。

（1）粮食数据从采集到传输的过程

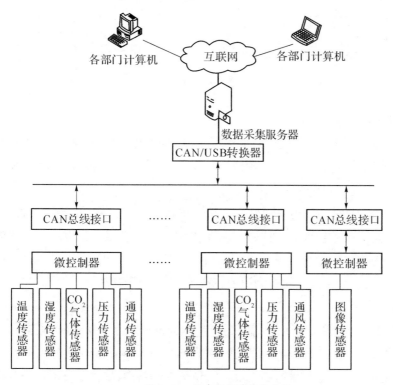

图 3-11　粮食数据采集与传输

（2）粮食数据从传输到分发的过程

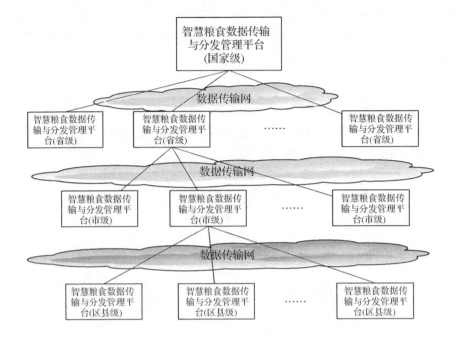

图 3-12　粮食数据传输与分发

3）应用层

智慧粮食的应用层主要根据粮食管理保障的实际应用需求，在粮食物联网平台各类设备和组件的基础上，进行模块化的组合，使之形成大颗粒的功能组件，从而满足各类粮食物联网应用的需求。

智慧粮食的应用层是物联网总体架构在粮食这一特定应用场景下的物化和具体化，在功能和技术实现上，可以由上述粮食物联网各类功能组件和应用映射而来。围绕"智慧粮食"这一核心内容，结合粮食管理及保障现状，我们还可以拓展开发专门面向粮食外来人员的行为识别、身份识别等管理功能。

（1）政务应用

实行信息公开制度，加强依法管粮工作，积极推进数字执法，强化粮食监督检查，狠抓粮食质量安全，强化对政策性粮食的监督检查和粮食流通领域的监管，切实做到让政府心中有数，让百姓心中无忧。实现粮食储备库、粮食批发市场以及粮食行政管理部门政务纵向、横向的互联互通，确保政务通畅。

（2）业务应用

加强宏观调控，保障粮食安全。建立粮库/粮食的数量、质量监测系统，编制粮食安全应急处理管理信息系统和决策支持系统。粮食储备库建立温控与监控系统，各级粮食行政管理部门可以随时查看各粮库实时情况。通过信息化管理，落实粮油保供稳价、完善粮食储备体系、健全骨干粮库网络、综合施策市场调控、强化应急监测保障，切实保护农民利益、保障有效供给、稳定粮食市场、维护粮食安全。

（3）商务应用

建立粮食储存、收购、流通、加工、溯源等过程中的信息数据库，建设粮食电子商务网站，抓好省内粮食收购，做好省际产销合作，使信息的采集、处理、分析、传输、发布系统得到统一，建立快捷、灵敏的信息反馈机制，监控预测国内外粮油市场的价格和供需变化，加强信息增值服务。

（4）服务应用

未来的"智慧粮食"平台是一个多层服务的云平台，横向通过云服务模式基于智能手机、平板电脑、计算机载体为粮食行业相关部门和人员提供粮食业务云服务；纵向从基础设施、数据中心、应用支撑、应用系统、门户的逐级双向，实现从数据到业务再到数据的轮循。

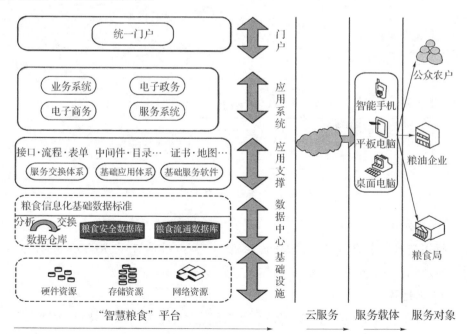

图 3-13　智慧粮食平台服务形式

综上所述,粮食物联网感知层主要是解决"传感"的问题,粮食物联网平台层主要解决"报知"的问题,而粮食物联网应用层和智慧粮食应用层则主要解决"应用"问题,通过三个层面的有机完整的组合,构建智慧粮食总体架构。

3.2.2 基于技术视图的智慧粮食体系结构

由智慧粮食的系统总体架构来解读智慧粮食的技术框架,可以将智慧粮食中所用技术分为四个层次:感知技术、网络技术、应用技术、安全与管理技术。智慧粮食的技术架构如图 3-14 所示。

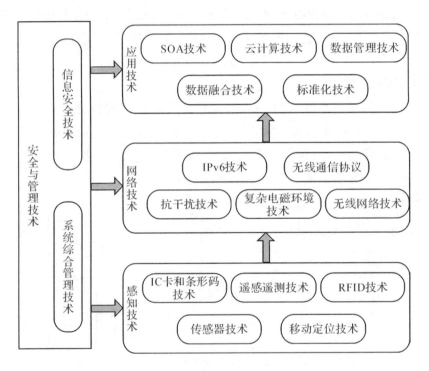

图 3-14　智慧粮食的技术架构图

1)感知技术

感知技术是指能够用于物联网底层感知信息的技术,包括 RFID 读写技术、传感器技术、遥测遥感技术以及 IC 卡与条形码技术等。

2)网络技术

网络技术是指能够汇聚感知数据,并实现物联网数据传输的技术,主要有无线通信协议技术、IPv6 技术、复杂电磁环境技术、抗干扰技术、各类无线网络和接入网络技术等。

3）应用技术

应用技术主要是指物联网的数据处理、利用以及支撑物联网应用系统运行的技术，包括 SOA 技术、云计算技术、数据管理技术、数据融合技术、标准化技术等。

4）安全与管理技术

安全与管理技术是指用于物联网的信息安全和系统管理的技术，包括信息安全技术、系统综合管理技术等。

3.2.3 基于应用视图的智慧粮食体系结构

1）智慧粮食应用平台总体架构

智慧粮食应用平台从底层到顶层分别为接入层、服务层、逻辑层和界面层，如图 3-15 所示。

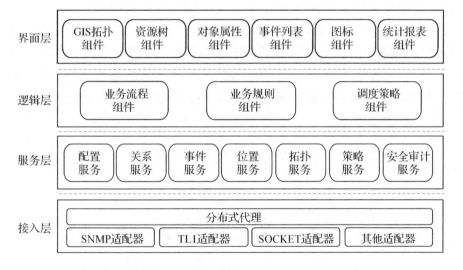

图 3-15 智慧粮食应用平台总体架构图

接入层主要是屏蔽智慧粮食应用平台底层的相关传感设备、传输设备以及辅助设备之间的参数差异，包括厂家制式、信息模型、组网方式、接口标准（外部）等方面。设计时，参照 TMN 的行业规范，为构建平台共享信息模型，通过面向对象的设计方法，使各类对象可以抽象为具有一致性参数的对象，方便管理。

服务层在平台共享信息模型的基础之上，使之与上层应用实际的需求相结合，整合出一系列在业务层上的公共服务，主要有：配置服务、事件服务、拓扑服务、关系服务、安全审计服务、策略服务、位置服务等，服务的相关设计以面向对象服务为设计原则，在软件的总线上进行相关服务的统一部署。值得注意的是，这些服务与具体行业和应用服务并没有关系。

逻辑层主要是粮食物联网应用平台针对其应用复杂、多样的特性，实现对上层多样化、差异化功能业务的支撑。具体说就是以对服务层的各项服务编排来实现业务流程的支撑；在服务中应用业务的有关规则来实现业务逻辑的判断；在服务中通过加载调度的策略来实现设备层面上的控制联动。

界面层主要完成人机交互功能，是粮食物联网应用平台的基础。通过对各类应用场景进行相关细化分类，从中提取出具有通用性的 HMI 组件（例如 GIS、拓扑、图表、事件列表等）进行有效组织，快速搭建不同功能的物联网应用平台。

2）智慧粮食应用平台技术架构

构造环境差异、地理区域分散、终端数量较大、组网形式繁杂、部分场景要求实时性高等是智慧粮食应用的显著特点，因此平台技术架构的设计方面还存在着许多严格要求。粮食物联网应用平台主要是采用分布式的软件总线技术构建整体的技术框架，是开放式技术架构的一种。平台技术架构的各个组件、各个服务、各个层面之间通过软件总线的方式实现互联互通的功能。具体而言，智慧粮食平台技术架构是由各类基础服务及分布式中间件构成的，如图 3-16 所示。

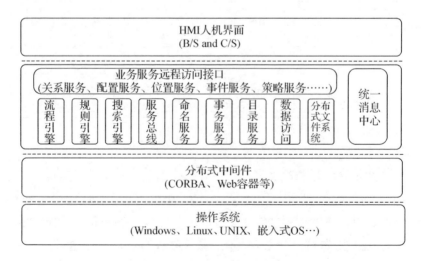

图 3-16　智慧粮食平台技术架构图

3.3 智慧粮食信息安全策略

信息安全策略是解决信息安全问题最重要的一个环节,同时,也是整个信息安全体系的基础。在粮食行业中,信息数据繁杂多变,在各层之间传输面临各项挑战,安全策略的制定必不可少。

3.3.1 感知层的安全策略

感知设备(如传感器)主要呈现出多源异构性,在通常情况下,其具有携带能量少、功能简单的特点,这些特点使得感知节点的安全保护能力较低,而感知网络多种多样,使其数据传输和信息传递缺乏特定的标准,所以很难提供统一的安全保护体系。

针对智慧粮食中感知层存在的安全问题,制定以下安全策略:(1)提高感知设备的自身安全防护能力与物理安全防护能力;(2)构建有效的、可靠的密钥管理机制,确保物联网内部的通信安全;(3)在通话过程中建立一个临时的会话密钥,用以有效地对通信机密性进行改善,以非对称性密码或者对称性密码的方式来解决通话认证性的问题。

3.3.2 传输层的安全策略

网络的核心部分具有相对完整的安全防护能力,但是智慧粮食的网络中存在数量庞大的节点,并且这些节点以集群的方式存在,这些特性导致数据在传播过程中,由于发送的数据量过大而迫使网络出现拥塞现象,该现象的出现易产生拒绝式的服务攻击。此外,现有的通信网络安全架构均出于以人通信的角度进行设计搭建,所以,对于以物为主体,从物的角度出发的物联网,要构建适应于感知信息传输、应用的安全架构。

针对传输层的安全问题,制定以下安全策略:①网络中的安全策略主要包括节点的认证、数据的机密性、完整性以及攻击的检测与预防等;②移动互联网中AKA机制的一致性或兼容性、跨域认证、跨网络认证;③相应的密码技术、密钥管理、密钥基础设施和密钥协商、端对端加密和节点对节点加密、密码算法和协议等;组播和广播通信的认证性、机密性和完整性安全机制。

3.3.3 数据层的安全策略

粮食数据中心日益增加的数据、资源是无法靠单一的数据服务器来满足的。

常规的数据中心3层结构的应用系统中的繁杂查询和重复计算都是通过服务器来实现的。为满足各项应用的需求,提升数据中心的服务器访问性能,采用了服务器负载均衡的先进技术对数据中心进行搭建。网络的负载均衡器是非常重要的计算机网络产品,其利用IP资源就可以根据用户的要求虚拟成多个服务器,按照协议对其工作进行一致协调。不同的访问请求可以对不同的服务器进行访问,这样就可以使多个服务器在同一时间以并行的方式进行工作,使服务器的访问性能得以提升。当计算机受到攻击并导致某台服务器的系统瘫痪时,负载均衡技术和负载均衡器就会断开其与该系统的连接,并把对该服务器的访问分流到其他服务器上,这样就确保了数据中心的持续稳定,避免了相关损失。

3.3.4　应用层的安全策略

支撑智慧粮食应用的平台存在各异的安全策略,例如分布式系统、云计算等,这些支撑平台要为上层的服务管理以及系统应用提供一个高效的、可靠的系统,而大规模、多平台、多应用类型等特性使得位于物联网应用层的安全面临着新的挑战,所以要针对各类应用分别构建相对独立的安全架构。

应用层中的安全问题主要涉及隐私保护等问题,所以需要构建以下安全策略:数据库的访问控制和内容筛选机制,主要是通过权限来控制数据内容进行访问;处于不同场景隐私的保护机制,主要是提供各类应用环境下的隐私信息的保护机制,以确保数据信息的保密性;信息泄露的追踪技术以及安全数据的销毁技术等。

3.4　智慧粮食技术标准体系

为加快建设竞争有序、开放统一的粮食市场,加强对全国粮食市场体系建设与发展的指导,粮食标准体系在粮食市场组织粮食流通、合理配置粮食资源、服务粮食宏观调控、保障粮食安全等方面发挥着重要作用。

3.4.1　粮食信息化标准体系

粮食流通信息化建设涉及的标准众多且相当复杂。在这样一个庞大而又复杂的环境中,要建立粮食流通信息化标准体系需依照以下几步:首先,必须按照有关的标准化方针、政策和方法,运用标准化原理,根据粮食流通信息化建设对标准的总体需求,确定出所需标准的类目,摸清每一类标准的具体内容;其次,明确其所对应的国际标准、国家标准和行业标准的现状和发展趋势,并根据对标准的具体需求,规划出尚缺标准的发展蓝图；然后根据上述的框架，对所需要的标准（正在制定的、应予制定的和现有的标准）进行科学的分类、组合和筛选，明确相关的属性，并在此基础上形成粮食流通信息化的标准体系框架，以达到从总体上形成一个层次清晰、结构分明、体系明确、标准类目齐全完整的粮食流通信息化标准体系框架的目的。

以调查和分析国内外的信息化标准现状为基础，按照国家有关标准化的方针政策，结合粮食流通信息化建设和发展对标准化的总体需求，运用标准化的原理，构建粮食流通信息化标准体系框架，明确未来粮食流通信息化建设的内容和工作的重点，从而为粮食流通信息化建设奠定夯实的基础。粮食流通信息化标准体系指的是由粮食流通信息化建设范围内组成的，具有内在联系的、标准的、科学有机的整体。

3.4.1.1　标准体系组成与逻辑框图

粮食流通信息化标准体系建设中应包括下列内容：

（1）根据"层次结构"，以标准明细表、图表的形式和标准体系框架进行搭建。

（2）标准体系的框架是通过多个相互作用、相互制约、相互补充和相互依赖的体系相构成。对于每个体系来说，可以根据各异的属性再划分成若干个不同的分支。

（3）标准明细表包括粮食流通信息化建设过程中所必需的、正在制定的、应予制定的以及现有的所有相关标准。

信息化的标准体系指的是围绕信息产品的研发、信息系统构建、运行与管理以及信息技术开发而制定的标准体系。它可以对信息化标准工作的纲领性文件起指导作用，并且可以给信息化的建设提供相关技术依据与标准信息。

标准化体系主要由标准体系、管理体制和运行机制三部分组成。

（1）标准体系：标准体系是指在一定范围内，具有内在联系的标准组成的科学、有机的一个整体。

（2）管理体制：管理体制是指在制定和贯彻标准的过程中需要遵循的标准化的管理方针、原则、标准体制和组织制度等的综合。

（3）运行机制：运行机制是指在制定和贯彻标准的过程中所运用的方法、方式和组织形式的综合。

标准体系的建设是粮食信息化建设的基础，是实现信息共享的前提，根据粮食流通管理的工作流程，粮食流通信息化标准体系框架由总体标准、网络基础设施标准、应用支撑标准、应用标准、管理标准、信息资源标准、安全标准七个体系组成,如图3-17所示。

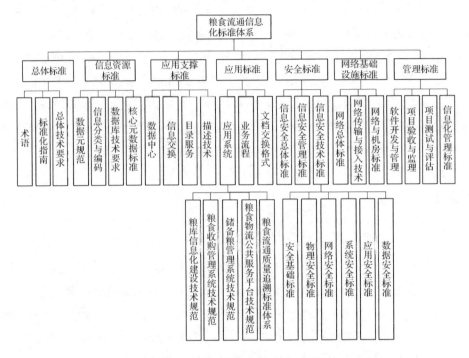

图3-17 粮食流通信息化标准体系框架

图3-18是粮食流通信息化标准体系的逻辑框图。在图中,总体标准处于整个标准体系最上层,它是下层六个体系的机制保障和总体指导;信息化管理和信息安全贯穿于整个粮食流通信息化标准体系中。

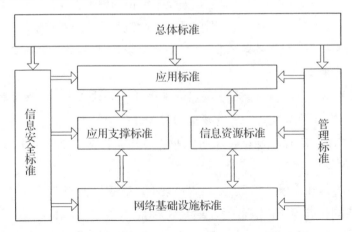

图3-18 粮食流通信息化标准体系逻辑框图

3.4.1.2 体系说明

1) 总体标准体系

总体标准体系主要有相应的总体技术要求、标准化指南以及术语标准要求三个类目。

(1) 总技术要求主要有粮食流通信息化建设统一技术平台的要求、信息安全技术和计算机网络管理规范以及网络安全的总体技术要求等。

(2) 标准化指南主要有标准化工作导则、编制指南和实施细则等。

(3) 术语标准主要包含与粮食流通信息化相关的术语标准,主要用于统一粮食流通信息化建设中遇见的相关名词、术语及专业技术词汇,以避免造成歧义性理解。术语标准还可以分成粮食流通的专用术语、专业术语和基础术语。

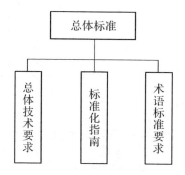

图 3-19 总体标准体系框架

2) 信息资源标准体系

信息资源标准体系是粮食流通信息化标准体系的一个重要组成部分。信息资源标准体系下设粮食流通的信息数据元规范、核心元数据标准、数据库技术要求以及信息的编码与分类四个类目。

(1) 粮食流通信息数据元规范用于指导和规范数据中心项目建设。

(2) 粮食流通信息系统核心元数据标准用于指导和规范数据中心项目建设。是针对粮食流通领域业务系统应用所需采集的各类信息进行逐级传输以及同级交换制定的标准集。

(3) 数据库技术要求主要有粮食流通信息化通用性数据库规范以及基础性数据库规范。

(4) 信息的编码与分类主要指将有共同属性或特征的信息,按照科学的规律使之聚集在一起,再进行概念划分,用以区别、判断各类信息。信息编码是对分类信息科学地赋予各种符号体系或代码,作为有关的信息系统进行交换处理的共同语言。信息的分类与编码标准主要有区域和场所、方法性、计量单位、产品运输、人力资源、科学技术以及组织机构代码等标准,还包括粮食流通信息化专用的信息分类与编码标准。

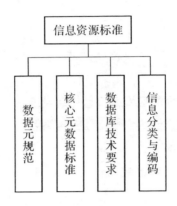

图3-20 信息资源标准体系框图

3）应用标准体系

应用标准体系主要有业务流程、应用系统和文档的交换格式等三个三级类目。

（1）业务流程主要是指为达到特定价值目标而通过不同人而共同完成的一系列相关活动。

（2）应用系统标准主要包括粮库信息化建设技术规范、粮食收购管理系统技术规范、粮食物流管理信息系统功能规范、粮食流通质量追溯标准体系、粮食政务管理标准等。

①粮库信息化建设技术规范是以数字粮库建设为重点，围绕粮食工作主要业务流程调研数据标准相关内容，针对各地"数字粮库"建设调研传感器、物联网等技术规范的相关内容，制定《粮库信息化建设技术规范》，有针对性地指导粮库的数字化建设。

②粮食收购管理系统技术规范用来规定粮食收购管理系统的技术要求，指导粮食收购管理系统的信息采集、传输、共享。

③粮食物流公共服务平台技术规范用来界定粮食物流公共服务平台的构成、内涵和作用，规定在基础粮食物流信息标准数据上进行数据集的提炼、扩充以及重组的加工过程，对管理服务软件的功能和支撑环境提出具体要求，以对粮食物流信息公共平台的搭建、维护以及服务起指导作用。并规定粮食物流管理信息系统的术语和定义、系统界定、总体要求功能等内容，用于指导粮食物流管理信息系统的建设。

④粮食物流管理信息系统功能规范用以规定储备粮管理系统的技术要求及流通管理要求,最终达到可视化管理的目的。

⑤粮食流通质量追溯标准体系包括《粮食流通质量追溯体系建设方案》、《粮食流通质量追溯体系专用术语标准》、《粮食流通质量追溯体系编码规则》、《粮食流通质量追溯体系信息处理要求》、《粮食流通质量追溯体系传输技术要求》、《粮食流通质量追溯体系感知技术要求》、《粮食流通质量追溯体系管理平台技术》等一系列标准,用于指导粮食收购、仓储、加工、包装、运输等过程中粮食质量追溯信息采集系统的建设。

(3)文档的交换格式标准是为实现应用系统间的文档进行交换的兼容性,从而制定的标准规范。

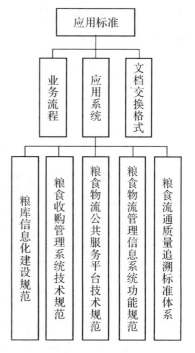

图3-21 应用标准体系框架

4)应用支撑标准体系

应用支撑标准体系主要是一个与网络无关、与应用无关的基础设施,它为各粮食的流通信息化业务提供了服务和支撑,并且保障资源的可访问、可互连、可共享、可交换、可整合。该体系的标准主要有信息交换、数据中心、描述技术和目录服务等三级目录。

(1)信息交换指的是保证不同的平台、网络、系统间进行数据交换过程中所需提供服务的标准,主要包含粮食流通信息化数据中心的开发以及政务信息资源的交换体系等标准。

(2)数据中心不仅包括了计算机系统和其配套设备,还包括环境控制设备、监控设备、冗余数据通信连接和各类安全设备,是一整套复杂的设施。数据中心的标准用于规范数据中心设计与建设,实现交换架构统一化、资源管理一体化、业务性能可视化及运维流程规范化。

(3)描述技术的标准主要有超文本置标语言(HTML)、可扩展语言(XML)、标准通用置标语言(SGML)等有关标准。

(4)目录服务是指将有关粮食行业中的事物(如粮库、粮情、粮食业务等)的信息存储为具有描述属性的对象,提供信息访问服务的软件系统,遵循LDAP和

X.500 协议。用户可像使用黄页一样使用该服务查找目标对象。目录服务最常用的一个例子是 DNS 服务。

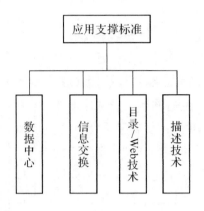

图 3-22 应用支撑标准体系框架

5）管理标准体系

管理标准体系下面设有软件的开发与管理、项目的验收与监理、项目的测试与评估以及信息化的管理标准等三级目录。在该体系中，除了相应的国际/国家/行业标准外，还包括粮食的流通信息化管理所需要的标准、规范以及其相应需要管理的文件和规章制度等。

粮食流通信息化管理标准用于规定粮食部门在信息系统建设和运行中应遵守的管理规范。如：规划与前期工作标准集，主要包括粮食流通信息化建设项目规划报告、项目建议书、可行性研究报告、初步设计等的编制规程；粮食流通信息化建设管理标准集，主要包括信息系统的建设监理规范、招标文件编制规定、验收规范以及信息网络的管理规程等；系统安全的标准集主要有系统网络的安全设计规范、系统涉密网安全技术规程、信息系统安全评估准则等。

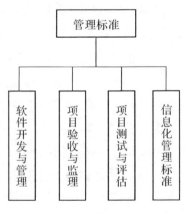

图 3-23 管理标准体系框架

6）信息安全的标准体系

信息安全的标准体系下包括信息安全的管理标准、技术标准以及总体标准等三级目录。信息安全的标准体系是保障环境信息系统的安全运行，信息的保密性，系统的保密性、完整性以及可利用性的保障体系，这为粮食的流通信息化建设提供了管理方面以及安全保障技术方面的标准规范。

信息安全的管理标准主要有系统安全方面的管理、测试与评估、登记以及风险管理等相关的标准规范和规章制度。

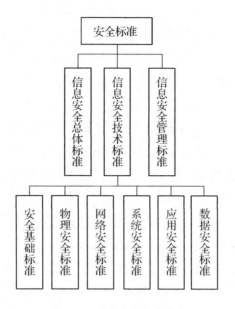

图 3-24　信息安全标准体系

7）网络基础设施标准体系

根据粮食流通信息化行业对计算机和通信网络基础设施建设的实际需求，粮食流通信息化网络基础设施的标准体系主要有网络的总体标准、传输与接入技术以及机房标准三个三级目录。

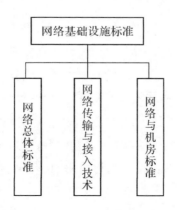

图 3-25　网络基础设施标准体系

3.4.1.3 统一数据标准

我们认为建立统一的数据标准是粮食物联网标准体系中各层功能系统实现数据交换和信息交互的基本保障,是智慧粮食系统集成的关键。

在智慧粮食的系统参考架构中,位于感知层的基于生物、化学、物理等科技发明的相关传感器的"标准"大都称为专利。而位于网络层的无线、有线网络又属于通用网络,无线网络的长距离通信(如卫星通信网络和第三代移动通信网络)是基于 TD-SCDMA 和 GSM 等技术,其网络标准也相对来说基本成熟,无线短距离的通信主要针对不同的频段,其标准也有 10 多种,例如 WAPI、RFID 等。有线长距离的通信(例如骨干光纤通信网)是在成熟 IP 协议体系的基础上实现的,有线短距离的通信(例如局部独立应用网络)主要以 10 多种现场总线标准为主,所以要构建物联网网络通信新标准难度较大。

因此,建设智慧粮食标准的关键点和可行部分是建设粮食信息数据的交换、处理和表达的相关标准以及相应的软件体系架构。

数据的交换标准主要处在物联网的三层应用体系中的应用层和感知层,配合网络层的传输通道。如何借鉴国外公开标准并融合现有的国内标准,以实现一个统一的物联网的数据交换大集成的应用标准是较大的挑战。如果国家能够从战略层面整合资源,建立这个标准还是具有较大的可行性。如果从国家的战略高度来推动物联网数据交换标准和中间件标准,相较于制定其他通信标准和传感器的技术,一定能够更快地发挥整体效果,以占领物联网应用的制高点。但是由于涉及面宽泛,整体协调实施难度大,所以只有受到高层高度的重视,才有可能实现这个目标。

我们认为,物联网的统一数据的预处理、交换、表达标准的构建,首先应定义一批 XML 数据表达标准与接口标准,然后要开发出支撑与标准相配套的中间件业务框架与运行环境,使用户可以迅速地开发出智慧粮食的相关业务系统,让标准可以落到实处,以推动物联网应用的飞速发展,这个环节相对来说更为重要。如果不能对物联网的数据交换标准进行统一制定,那么一个完整的智慧粮食业务基础的中间件平台将会被迫去支撑所有的数据交换标准,或只是支持相关的标准,专注于特定应用领域业务,这将重蹈以往"信息孤岛"的覆辙,是实现真正的"物物相联"的巨大障碍。

3.4.2 粮食信息化标准化工作指南

3.4.2.1 总体要求

1) 粮食流通信息化标准化工作的指导思想

全面贯彻落实科学发展观,围绕粮食流通信息化建设的战略目标,依托粮食系统已有的信息化工作基础,突出粮食行业特色,全面支撑粮食流通信息化发展从系统建设为主向能力建设为主的战略转型,主动适应粮食业务增长和业务改革需求。

2) 粮食流通信息化标准化工作的基本原则

粮食流通信息化标准化工作应遵循以下基本原则:贯彻国家有关标准化法律法规和相关部门规章制度;加强标准化工作总体规划;以粮食流通信息化建设实际需求为导向;全面建设与重点建设相结合;采用标准与指定标准相结合;标准制定与标准实施并重。信息化标准体系编制的特点及原则如下:

(1) 适用性。所建立的标准体系必须符合粮食流通信息化的发展现状和发展趋势,使得粮食的流通信息化标准制定工作与实际需要紧密结合,避免与现实脱节。

(2) 科学性。分析国内技术标准体系的现状和特点,对国内外的标准进行梳理、分类、整合、打包,建立科学合理的标准体系。

(3) 系统性。建立结构层次清晰的标准体系,使各个层次的标准之间、各个类别的标准之间相互补充、相互促进,形成一个有机的整体。

(4) 先进性。信息化标准的几大特点是变化快、发展快、更新快、涉及领域广,因此粮食的流通信息化标准体系的制定应具有一定的技术导向和前瞻性,并具有发展性和延续性。

(5) 兼容性。充分体现优先采用国家标准、积极采用国际标准和国外先进标准的精神,保持与它们的一致性和兼容性。

(6) 开放性。开放性又称为前瞻性或可扩充性。信息化标准体系不是一成不变的,是动态发展的,其将随信息技术的发展和需求,不断更新、扩充、完善。

3) 粮食流通信息化标准化工作的总体目标

粮食流通信息化标准化工作的总体目标是:建立科学系统的信息化标准体系;建立合理完善的标准化工作管理体系;建立简单有效的标准化工作运行机制;组建复合型标准化专家队伍;确保标准得以全面贯彻实施。

4) 粮食流通信息化标准化工作内容

(1) 编制粮食流通信息化标准体系。科学合理地评估粮食流通信息化建设的标准类目、内容需求的现状和发展趋势,编制标准体系框架和标准体系表。规划设计粮食的流通信息标准化总体框架以及发展蓝图,明确未来某一时期内的标准化工作的重点及发展方向,为相关标准的制定修订计划提供可靠依据。

(2)以标准化委员会为主体,开展信息化标准化工作的管理体系和运行机制。建立和完善粮食流通信息化标准化委员会的筹建、管理和退出机制,充分发挥标准化委员会的组织、协调作用。

(3)组织粮食流通信息化行业标准的制定修订工作。具体包括标准的立项、起草、征求意见、送审、报批、宣贯、实施、动态维护、复审等活动。

(4)开展粮食流通信息化标准化科研工作,在粮食流通信息化需求的前沿领域,以设立科研项目的方式,开展粮食流通信息化行业标准的前瞻性预研工作,为制定相关标准奠定基础。

(5)采用多种手段,培养一支熟悉标准化工作的专家队伍。

(6)采用和贯彻实施相关国家标准,跟踪研究并积极采用国际标准。

3.4.2.2 组织机构和职责

此节以 2011 年江苏省粮食局成立粮食流通信息化标准化组织机构为例进行说明。

1)组织机构

粮食流通信息化标准化工作的组织机构由江苏省粮食局领导小组、标准化委员会和标准研制单位组成,如图 3-26 所示。

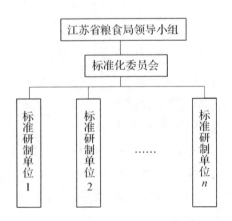

图 3-26 粮食流通信息化标准化工作组织机构

2）职责

（1）江苏省粮食局领导小组

江苏省粮食局领导小组是粮食流通信息化标准化的最高决策管理机构。

（2）标准化委员会

标准化委员会是在粮食流通信息化特定领域内从事标准化工作的非常设技术协调组织。标准化委员会设有秘书处，负责标准化委员会的日常工作。标准化委员会的职责主要有以下几点：

①组织研讨国内外的标准化现状和发展趋势，结合粮食流通行业实际情况提出本领域内标准体系建设。

②征集、审查、汇总本领域内的标准项目需求，适时提出粮食流通信息化行业标准制定修订计划建议。

③负责组织本领域内行业标准的征求意见、审查、报批、复审、宣贯、培训等工作。

④办理江苏省粮食局领导小组委派的其他事宜。

（3）标准研制单位

在研制粮食流通信息化行业标准时，标准化委员会根据各个标准的具体情况确定标准研制单位，可以由粮食局内部的单位承担，也可以通过委托等形式由社会相关研究单位承担。标准制定单位的职责如下：

①负责标准的起草工作。

②协助标准化委员会开展标准的征求意见、审查、报批、复审、宣贯、培训等工作。

③协助标准化委员会解决标准实施过程中反馈的意见或异议。

3.4.2.3 标准的制定、修订和动态维护

1）标准的制定

粮食流通信息化行业标准制定的主要工作流程有以下几个步骤：标准的立项、起草、意见征求、审查、报批、发布以及复审。

（1）标准的立项

粮食流通信息化行业标准立项程序如下：

①标准化委员会向各地市粮食局征集信息化标准立项申请，标准需求方填写并提交粮食流通信息化行业标准立项申请表。标准需求方也可根据实际情况，随

时向标准会委员会提出立项申请。

②标准会委员会负责对行业标准立项申请进行审查。主要审查行业标准立项申请是否重复。

③制定行业标准的可行性、必要性和适时性。

④通过审查的行业标准立项申请由标准化委员会统一报送江苏省粮食局领导小组批准立项。

⑤粮食流通信息化行业标准项目立项后,由标准化委员会根据实际情况确定标准研制单位。

（2）标准的起草

标准研制单位负责成立标准起草组,可联合其他单位共同组建标准起草组。标准起草组对标准的技术内容和质量负责。研制单位将形成的标准征求意见稿和标准研制说明报送标准化委员会。

（3）标准的征求意见

标准化委员会根据标准的内容,确定标准征求意见的方式、范围等事宜。征求意见的期限一般为一到两个月。被征求意见的单位填写标准征求意见单,签字盖章后返回标准研制单位。

标准研制单位根据反馈的意见进行修改,标准化委员会可根据反馈意见的情况决定是否再次征求意见。

征求意见阶段结束后,标准研制单位根据修改意见,将形成的标准送审稿、编制说明和标准意见处理汇总表及其他有关材料一并报送标准化委员会。

（4）标准的审查

标准化委员会的主要职责是组织标准审查工作,标准研制单位进行相关配合。标准的审查采取会议审查的方式进行。在审查过程中,关于标准的技术内容原则上应协商一致,至少有四分之三的代表同意方可通过。如果审查结论为不通过,标准研制单位应继续修改送审稿或根据审查结论执行。

（5）标准的报批

标准研制单位根据审查意见修改形成标准报批稿,连同标准编制说明、审查会会议纪要、征求意见阶段的意见汇总表及其他必要的材料,一并报送标准化委员会初审。初审通过后由标准化委员会报送江苏省粮食局领导小组。

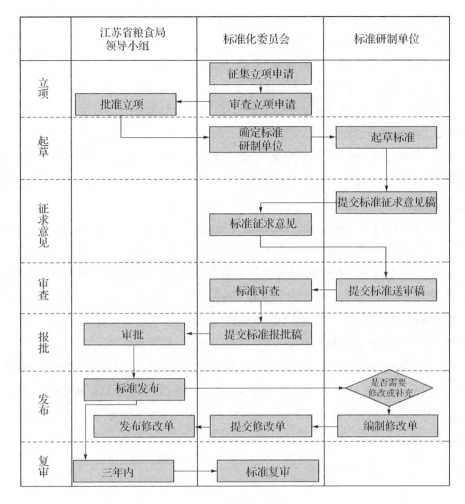

图 3-27　标准制定的主要工作流程

（6）标准的批准发布

粮食流通信息化行业标准由江苏省粮食局领导小组批准后，以公告形式发布。标准研制过程中所形成的有关文档，应按照江苏省粮食局档案管理的要求进行归档。

需要出版发行的标准，由江苏省粮食局指定的出版社发行。

（7）标注的复审

标准实施后，标准化委员会应根据粮食流通业务变化和科技发展的情况适时组织对标准进行复审。复审周期不超过三年。一般情况下标准复审需有参与过该标准审查工作的单位或人员参加。

标准在复审后按三种情况分别处理：

①不需修订的标准被确认继续有效，保持标准的原状。

②需要修订的标准列入新的计划。

③已无存在必要的标准，予以废止。

2）标准的修订

标准的修订如果只涉及少量内容的修改，一般只需要向标准委员会提出修改请求，填写标准修订申请表，省略标准立项流程，其余流程按照标准制定流程进行。

标准的修订内容较多时，应纳入标准制定修订计划，按照标准制定流程进行。

3）标准的动态维护

需要动态维护的粮食流通信息化行业标准主要有信息的分类编码标准、数据的交换格式标准、数据元标准以及其他必须进行动态维护方可有效实施的标准。

标准是否需要动态维护由标准研制单位在标准审查会上提出，标准审查委员会同意后，由标准化委员会报江苏省粮食局领导小组批准。

动态维护型标准由标准化委员会指定维护机构进行动态维护。我们已经谈过标准化与不断改进之间的关系，其中标准化好比是一块楔块，然而我们还需要了解这两个概念之间存在着一个平衡。我们的标准不能僵化、固定不变，但也不能总在变化，这种平衡非常重要。

4 智慧粮食与粮食安全

粮食是经济发展和社会稳定的战略物资,是人类生存与发展的物质基础,粮食安全是国家安全的重要组成部分。一直以来,我国政府高度重视粮食生产,为确保粮食安全出台了一系列政策。然而由于人口增长、资源破坏、环境污染等问题日益突显,粮食安全问题将不得不面临越来越严峻的形势。国家粮食局徐鸣副局长指出,智慧粮食供需模型要以技术为载体,以需求为导向,做好大数据、云计算、物联网技术的结合。智慧粮食最大的任务就是要确保粮食安全,智慧粮食建设的最终目的还是为粮食安全服务。

4.1 概述

近年来,随着市场化改革和技术的进步,各地纷纷投入粮食监测预警体系建设,集粮食价格、收购、库存、销售为一体的监测预警平台被逐步搭建起来,这一平台的建成为粮食部门掌握粮食流通情况和供需形势提供了依据,为国家宏观调控政策提供了支撑。但总体看来,目前的建设还存在缺乏统一的信息采集分析平台,数据质量不高,信息共享机制不完善等方面的问题。

目前,粮食安全建设应综合分析国内外粮食供求形势,以粮情监测为基础,通过常规监测和应急监测,及时获取粮食生产、收购、销售、库存、价格等方面的信息,科学地分析、研判粮食供求形势,为粮食宏观调控提供基础数据支持。选择合理的评价指标,建立粮情预警模型,在科学预测的基础上,对我国粮食安全形势进行客观判断和综合评估,为国家实施调控政策提供必要依据。粮食安全是智慧粮食建设的主要目标,知识和技术的进步是确保粮食安全的有效手段,而智慧粮食需要对这些新技术进行综合集成,最终还是要落到为粮食安全服务这个基本点上,为粮食安全提供科学保障。

4.1.1 粮食安全

20 世纪 60 年代以来,世界粮食生产总体呈增长态势,粮食总产量在波动中逐步增加。据联合国粮农组织统计，2013至2014年度全球谷物产量为24 900亿公斤，同比增长7.7%，同期，全球粮食需求量为24 200亿公斤，同比增长3.3%，期末库存为5 600亿公斤，较期初增长12%，为2001年以来最高水平。当前，全球粮食市场供求总体相对宽松，人均占有粮食大约为360公斤，大部分国家和地区面对粮食安全威胁都有一定的抵御能力，但全球缺粮的国家和地区仍然超过40个，特别是一些非洲国家和地区，平均粮食占有量还不到世界平均水平的60%，超过8亿人面临粮食供应不足的威胁。

我国粮食产量受国家宏观调控政策影响极大。上世纪90年代，我国粮食产量增长迅速，创下1996至1999年连续三年粮食总产量突破5 000亿公斤的历史最高纪录。但此后的4年间，由于受各种因素影响，粮食产量连年下降，到2003年跌到4 307亿公斤。与此同时，我国人口连年增长，粮食安全问题引起了当局的高度重视。国家及时调整和完善了相关政策，加大了对农业和粮食生产的扶持力度。事实证明，国家的宏观调控政策起到了立竿见影的效果，到2007年底，我国的粮食产量恢复到5 000亿公斤以上，此后一路高涨，到2014年达到6 070.99亿公斤，一定程度上满足了国内需求，有效保障了粮食供给。粮食进口方面，2014年我国粮食进口达1 060亿公斤，粮食进口数量逐年攀升，其中大豆进口714亿公斤，谷物进口195.2亿公斤，占进口粮食总量的90%，粮食进口与自产比例约16.7%。

总体上看，随着近年来国内粮食生产能力持续增强，我国粮食供求安全形势较为乐观。但基于人多地少、粮食生产效益较低的现实，加之耕地资源、水资源、环境质量、自然灾害等多种因素的制约和影响，我国粮食生产出现由增到减"拐点"的可能性增大，从长远看，还存在总量上产需缺口扩大、区域间粮食流通不畅等隐患，我国粮食安全形势仍存在诸多隐忧。

4.1.2　智慧粮食同粮食安全的关系

我国各地为粮食安全都做了许多积极的努力，采取了一些成效明显的制度和措施，比如设立了居民粮情固定调查点，选择了部分直报点报送价格，定期收集涉粮企业的购、销、存及加工等方面的信息，这些措施为粮食安全发挥了积极的作用。但随着科技的发展和时代的进步，这些制度和措施已不能满足现实的需求，面临数据采集方式落后，各地区建设水平差异较大，没有充分利用现代信息技术建立统一的综合信息采集分析平台等诸多问题。粮食安全建设在智慧地球建设的大背景下，面临前所未有的机遇。

为给粮食安全插上科技的翅膀,用智慧粮食来主导粮食安全,需要直面智慧粮食建设中的突出问题。

首先,监测预警模型有待进一步完善。各地应用预警指标和预警模型,取得了一定的预测效果,但是目前大多数模型均侧重对粮食产量和总量的预警,而忽视了粮食生产、流通、消费等各个环节的相互联系,指标单一,模型简单,预测准确性和综合性不够。

其次,基础数据整体质量不高。粮食产业是基础产业,涉粮企业数量多、规模小、分布散,监管难度较大,特别是非国有企业履行报送统计报表的意识不强,提供的数据质量不高。同时,层级汇总报送的模式采集信息工作量大,数据代表性和时效性逐级下降。

最后,信息共享机制尚不健全。地区之间信息不畅通,部门之间信息难共享,部门内部信息效用不强,形成合力不强。国家发展改革委、商务部、农业部、粮食局、统计局等部门都结合部门职能和工作实际建立了粮情监测体系,分别采集有关粮食生产、收购、加工、销售、进出口、库存、价格等方面的信息。各地和单位内部分别独自开发系统和采集使用数据,增加了监测预警成本,降低了监测预警效率。由于缺乏必要的沟通协调机制,统计信息的口径不统一,往往造成数出多门,有时甚至相互矛盾,在调控市场时可能会出现数据混乱,导致误判等严重问题。

4.2 智慧粮食安全预警预报

智慧粮食利用先进的技术和手段对粮食进行全面的监测,在发生自然灾害、动乱、战争等突发情况下,仍能及时为各级政府提供准确的粮食安全预警预报信息,为政府部门正确分析判断粮食市场状况、作出正确决策提供支持。

4.2.1 粮食监测预警预报的重要意义

当前,我国对粮食的需求呈刚性增长,国内食品安全问题频发,加上粮食进口额逐年攀升,而进口粮食质量问题也越来越多,中国的粮食安全问题正面临着前所未有的挑战。因此,做好粮食监测预警预报成为事关国计民生和社会稳定的重要任务。随着我国食品安全风险监测评估体系的建设,科学地分析预警,建立粮食监测预警预报体系,及时发布粮食安全风险预警信息,依据监测与评估发布预警信息正在逐步成为常态。

粮食监测预警预报对服务粮食生产具有重要指导意义。在智慧粮食背景下,粮食监测预警预报信息也可以提供给生产单位和个人,这有利于合理调配资源,提高市场的反应速度,能有效避免重复生产和资源浪费。智慧粮食能增强粮食监测预警的时效性、准确性和前瞻性,为政府决策提供准确的数据支撑,为生产粮食的单位和个人提供市场供需信息,为粮食安全提供科学保证。

4.2.2 粮食监测预警预报的突出问题

2015年4月17日中央电视台《焦点访谈》栏目曝光了辽宁铁岭开原市庆云堡中心粮库"以陈顶新",套取国家对农民的巨额补贴,欺骗粮食经营企业,危害国家粮食安全的事件。

据报道,该粮库以23 794吨陈粮冒充新粮,并按新粮价格出售给沈阳市金盛稻香米业有限公司,后者发现是陈粮后立即依法派人到粮库仓粮样以便作为证据,但被粮库方阻止。沈阳市金盛稻香米业有限公司法人赵丽君无奈之下将庆云堡中心粮库"以陈顶新"的问题反映到中储粮辽宁分公司,但辽宁分公司的回答是"公司早已联合多个权威部门核查、化验,截止到目前并没有发现任何问题",并拒绝提供化验单和开具化验证明。但庆云堡粮库方面私下多次同赵丽君联系,据电话录音透露,粮库方希望通过补助赵100万左右来平息此事。为调查庆云堡粮库"以陈顶新"的问题是否属实,记者乔装身份,历时3个多月了解到了更多内幕,发现"以陈顶新"这种现象在当地的粮食圈并不少见。赵丽君以自己做粮食十多年的经验告诉记者,这是全国各地的潜规则,目的就是为了套取国家补贴。

这次事件给粮食监测预警预报敲响了警钟,也是对我国粮食储备体系和制度存在的突出问题的集中反映。突出问题表现在以下几个方面。

首先,我国各地粮食监测预警预报综合管理的环境都还处于建设中,政府相关监管部门和社会力量的分工还不明确,各方协力推进齐抓共管的合力还没有形成,粮食监测预警预报机制还未完成,导致粮食预警预报的效能不能及时发挥。

其次,目前我国粮食管理制度还不完善,粮食监测预警预报也面临这样的问题。存在监测效果难以评估,风险评估制度不够完善,各类管理制度不够科学等方面的问题。

再次,我国粮食安全风险意识普遍不强,各项规章制度落实不力。改革开放以来,我国粮食自给能力逐渐增强,长期的和平环境使部分人的粮食安全风险意识不强,加上各项规章制度落实执行不力,粮食管理者同经营者官商勾结,违法者因长期违法获利得不到查处而更加胆大妄为。

4.2.3 粮食监测预警预报的有效措施

我国在粮食监测预警预报方面做了许多工作,也采取了卓有成效的措施,为智慧粮食建设积累了比较丰富的经验。在粮食监测预警预报方面,可以采取以下措施:

(1)建立一套高效、稳定、可靠的粮食安全监测预警系统,通过信息化手段收集、整理和分析粮食信息,通过分析持续有效的记录,加强对粮食市场监测,保障预警信息的有效性。将有关信息实时传递到预警系统进行处理,以便及时分析、预测国内外粮食生产和价格状况,尽早防患于未然。

(2)建立可共享的风险预警平台,做到多方协调发挥作用,进行有效实时预警。依靠粮食监测预警预报平台,可以更加准确和全面地对粮食安全进行监测和预警预报。

粮食监测预警预报在依靠大数据、物联网和云计算等先进技术的基础上,要实现智慧预警的目标。预警预报要做到实时、准确和高效,通过物联网传回各传感器收集的、最新的准确数据,后台信息化平台利用大数据和云计算技术,迅速做出科学、合理的判断,准确地作出分析,实时提供预警预报。

预警预报指标体系设计应涵盖区域粮食生产、流通、消费、储备四方面,整个体系共包含4项一级指标,24项二级指标,如表4-1所示。

表4-1 粮食安全预警预报指标体系

一级指标	二级指标
粮食生产安全指标	粮食总产量
	粮食生产波动系数
	粮食供求差率
	耕地面积
	粮食种植面积
	单位面积产量
	化肥使用量
	机耕面积
	从业人数
	粮食生产资料价格指数
	农业科技贡献率
	受灾成灾面积比率

续　表

一级指标	二级指标
粮食流通安全指标	农民人均纯收入
	粮食自给率
	粮食储备率
	粮食产量波动率
粮食消费安全指标	人口自然增长率
	产量增长率
	需求波动系数
	价格上涨率
	人均占有量
	间接消费占总消费的比重
粮食储备安全指标	粮食供需缺口率
	粮食储备率

粮食安全监测预警预报主要通过市场监测、粮食生产流通安全预警和系统管理三个部分实现。

（1）市场监测

主要由数据采集、报告体系、报表统计、数据分析决策等部分构成。对粮油产品价格等信息采集、分类汇总、分析和发布，便于粮食行政部门了解掌握辖区内外粮油产品价格等信息，并提供考核管理等功能。

（2）粮食生产流通安全预警

主要由信息分析、信息反馈、组织系统三部分组成。信息分析参照预计经济指标，运用市场监测统计数据、监测数据和抽样数据，经模型分析和专家系统评估，对粮食安全运行状态和趋势作出预测和预报。

（3）系统管理

主要由信息源系统、信息分析系统以及信息反馈系统三部分组成。信息源系统主要解决所需粮食信息的来源以及该信息的及时性和可靠性的问题，并将采集审核后的数据传输给信息分析系统；信息分析系统是整个粮食监测预警预报的关键与核心部分，其主要任务是对所得到的有关粮食安全的各种信息进行评价；信息反馈系统主要是依据信息分析系统所传递的信息来确定预警级别进行预测和预报。

4.3 智慧粮食保障应急指挥

粮食应急保障机制是根据粮食安全监测预警预报系统反馈的警戒信号,在市场供求出现失衡时及时采取一定应急措施对市场进行适当调控。粮食应急保障系统实现粮食应急联动管理,集中调度应急资源,支持应急反应的指挥和行动,提高粮食应急保障能力。

粮食应急保障机制、粮食安全监测预警预报机制同相应的组织系统协调,构成一个完整的监测预警与应急保障系统。监测预警系统负责对粮食安全状态进行监测,并直接为应急系统提供信息,而应急系统是在紧急情况下由政府主导的对粮食供需市场进行紧急调控的一系列手段和措施。

4.3.1 智慧粮食应急指挥预案

1) 应急预案的制订

应急预案包括应急物质和应急实施方案,应急物质包括储备物资和应急资金等,应急实施方案通过应急联动管理中心,集中调度应急资源,支持应急反应的指挥和行动,提高粮食应急保障能力。

制订应急预案要根据实际情况,综合运用多种手段确保粮食安全,包括动用储备粮、委托购销企业采购和强制管制等措施,明确动用储备粮的条件、数量、时间、地点和范围,粮食运输方式和预算等。采取强制性行政措施的应急预案中,能够实现对企业和社会粮商的管制,明确紧急情况下对主要粮食品种零售价限价等细则。

2) 应急预案的启用

应急预案中应明确启用应急预案的紧急情况范围和条件,当这些条件满足后自动触发应急预案响应机制,相关责任部门应立即联动,领导小组立即组织调查核实,核实情况后由领导小组组织讨论,确定启动应急预案,并协助维护应急预案顺利实施。

3) 粮食应急信息的发布

从单一的静态信息发布,向动态信息发布和双向信息交互发展,提供粮食流通动态监测信息和粮食应急相关信息的实施发布。

依据系统安全应用的需求,分别构建内部和外部门户系统,实现系统在表示层的整合,提供单点登录、统计身份认证和权限管理综合服务。

内外网通过数据同步软件模块，保证数据的一致性和流程协作。

4.3.2 应急指挥体系

将 GIS 技术引入智慧粮食应急管理中，在对粮食应急调度研究的基础上，运用基于 GIS 的空间分析技术，为粮食应急调度提供决策分析智能化服务，提高粮食资源调度的有效性，为快速决策提供基础保障。这将能够有效解决需求点分散、路况通行不畅、时间紧迫等条件约束下的粮食应急调度问题，与传统调度模式相比，具有极大的优势。

1）建设目标

粮食应急保障指挥系统是以粮食公共安全为核心，以信息技术为支撑，软硬件相结合的突发事件应急管理技术保障系统，是实施应急管理和预案的工具，也是政府部门应急平台体系的重要组成部分。该系统遵循政府应急平台体系建设的技术规范和要求，形成覆盖省、市（州）、县（区）粮食行政部门及国有粮食企业的应急管理体系，实现应急信息资源整合与共享、信息汇总、辅助决策、指挥调度和总结分析等功能，为粮食应急管理工作提供强有力的保障。

2）建设内容

粮食应急管理系统是"智慧粮食"平台的一个重要组成部分，主要实现应急现场数据采集、资源信息采集、日常值班、应急预案编制与管理，以及系统组织架构管理等功能。

3）总体框架

基于 GIS 平台的智慧粮食应急调度系统包括应急决策者、应急实施者、粮食储备库、需求点、应急设备、应急道路、应急运输、应急指挥和调度等诸多对象。其总体设计框架如图 4-1 所示。

基础设施层为系统运行提供必需的基础支持。基础数据层主要实现对基础数据进行搜集处理和存储传输，为系统提供数据支持。资源整合层主要实现对各种资源进行重组、整合和优化，提高工作效率。系统支持层为各个应用子系统的运行提供支持和保障。应用服务层是总体框架的最高层，直接面向用户，为用户提供数据的输入、输出、查询、统计和系统管理等功能。

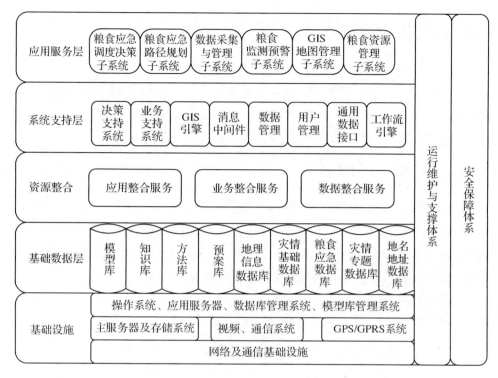

图 4-1 基于 GIS 的粮食应急保障指挥系统总体框架

4.3.3 应急指挥模型

应急指挥模型通过建立预案模型、通过任务分配及资源优化配置生成应急指挥预案,并结合实际进行实时调整,生成智能化预案,直接为应急指挥决策者服务。为系统决策者提供的支持流程如图 4-2 所示。

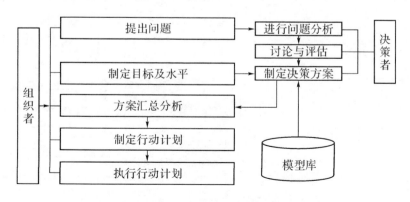

图 4-2 系统决策支持流程图

4.4 粮政管理决策支持

研究开发粮政管理宏观决策支持系统,通过对粮食流通统计系统、粮食银行系统、粮食商务平台、粮食物流平台、各级储备粮管理系统等实时数据提取分析,结合国际粮食市场行情,研究制定相应决策。当市场行情出现较大波动时,能在第一时间为决策者快速决策提供信息支持,全面提高粮食行政管理水平。

4.4.1 粮政管理决策支持模型

粮政管理宏观决策支持系统能够有效利用粮食管理信息网络汇聚的大量数据,对粮食信息进行系统化、合理化的管理,有效地解决粮食信息人工采集不准、数据收集困难、账实不符等难题,辅助制定科学、高质的决策方案,对粮食流通调控管理中预测、调拨、轮换等各个层次管理决策问题作出快速反应。

粮政管理决策支持系统结构如下图所示,包括人机交互界面、数据接收模块、问题求解模块和学习模块四大部分。

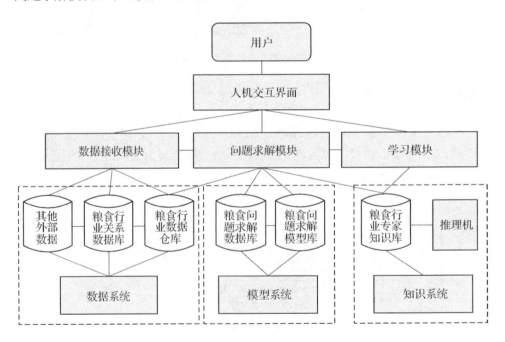

图4-3 模型库对系统决策的支持图

（1）人机交互界面

是智能决策支持系统对外部的接口,以表格、图形、曲线等友好的人机界面为决策者提供服务,为数据的组织、模型构造与维护和知识学习与处理等提供支持。

（2）数据接收模块

通过准确有效地抽取关系数据库及网络上、文本格式等的数据,构建粮食企业各级机构数据仓库中的数据,并将其作为有效决策的基础和前提。

（3）学习模块

将粮食专家的知识提炼成推理规则,知识的来源包括粮食专家经验的直接传授、书本知识,以及根据以往发生的数据进行知识的总结和归纳等。

（4）问题求解模块

依托模型库和方法库中的算法及模型,结合数据系统中的数据,通过知识演绎推理快速生成问题的优化解。

4.4.2 粮政管理决策支持功能

粮政管理宏观决策支持要实现的功能如图4-4所示。

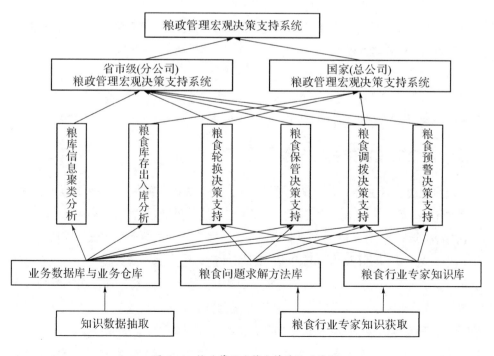

图4-4 粮政管理决策支持系统功能图

（1）粮食库存出入库分析模块

按照粮食品种、性质、保管方式、出入库方式等多种指标分析粮食的库存数量、出入库数量等基本属性度量，提供多维报表、多维立方体和曲线分析等多种分析方式，使决策者对所保管的粮食的各种属性一目了然，有利于决策者正确作出决策。包括库存综合分析、粮库出入库综合分析、粮食入库综合情况分析、粮食综合统计库存分析等功能。

（2）粮食轮换决策支持模块

依靠专家知识系统及决策树算法形成的规则，在需要轮换的时候对当前保管的粮食进行轮换决策支持。

（3）粮食保管决策支持模块

通过收集粮食存贮信息，提取粮食专家的经验，用人工和自动两种方式总结规则，来判断出现需要通风、除虫等情况时粮食保管应用的策略。

（4）粮食调拨决策支持模块

负责分析一定范围内的粮食调拨运输能力和成本，为大量粮食的同时调拨提供优化的运输路线方案，为粮食正常存储和遇到自然灾害进行救助时的调拨服务。

（5）粮食预警决策支持模块

提供粮食价格变动、库存、质量、粮食计划的下发和跟踪等情况，当遇到异常时自动判断，并给出实时提醒。

（6）粮库信息聚类分析模块

运用基于距离的层次和快速聚类分析算法对辖区内粮库的基本信息情况进行分析和分类，为上级管理部门对同一类型的粮库制定相同或相似的政策提供依据。

4.4.3 粮政管理决策支持实施

如何快速发现问题并建立决策模型、拟订方案并确定效果度量，形成决策目标，是粮政管理决策支持实施的主要内容。智慧粮食用数据定量、客观地描述每个方案所产生的各种结局的可能性，为快速准确地作出科学正确的决策提供了强大支持。

决策人员可以利用计算机辅助决策，通过智慧粮食系统来制定目标、拟制方案和进行模拟验证，这需要用人机交互模式，即由决策人员输入各种预案的参数并计算结果，通过比较计算结果来选择最优方案，此时决策人员还需要分析各种数据，当现实情况发生改变时实时调整各项参数。而在现实中，最优的决策往往不是一次就能作出的，对决策人员丰富的经验和对事态发展的把控能力有较大的依赖性。

5 智慧粮食与移动互联网

根据《2015中国互联网用户行为统计报告》显示,2014年中国移动互联网用户规模约7.29亿,涉及的应用业务类型包括社交、娱乐、旅游、实物消费、生活服务、健康医疗、教育培训、金融、阅读等各方面。这一历史上从来没有过的高速增长现象反映了随着时代与技术的进步,人类对移动性和信息的需求急剧上升。目前,移动互联网正逐渐渗透到人们生活、工作的各个领域。在移动互联网高速发展的趋势下,粮食市场也要跟上这个时代发展的潮流,通过各类移动客户端,如手机,可以方便地登录相关站点,即可进行信息资讯、市场行情、粮食安全、供给需求等信息的搜索与查阅,这将会在很大程度上影响和改变人们的生活、工作习惯。

5.1 移动互联网技术

5.1.1 移动互联网概述

移动互联网技术,顾名思义就是把移动通信技术与互联网结合起来而衍生出的新的技术样式和技术使用方式。移动互联网技术涵盖范围很广,除了互联网技术本身,还包括移动通信技术、移动数字终端、应用及商业模式等内容,如图5-1所示。

移动互联网的兴起主要归结于两个因素:其一,随着信息技术的发展,以手机、平板电脑为代表的移动数字终端性能得到极大的提升,在某些方面性能已经达到其至超过个人电脑的水平,为信息资源的处理提供了硬件基础;其二,依托无线通信网络技术的发展,3G、4G网络的快速普及在提高网络速率的同时也极大地拓展了数据传输的带宽,同时伴随各类场合如飞机场、火车站、地铁

图5-1 移动互联网技术

站、公交站、酒店、购物广场、餐厅、咖啡厅、办公室等大量开放式 Wi-Fi 的布设，使人们彻底摆脱了传统网线的束缚，进入到无线互联的时代。

1）移动互联网的定义

移动互联网就是将移动通信和互联网二者结合起来，成为一体。在最近几年里，移动通信和互联网成为当今世界发展最快、市场潜力最大、前景最诱人的两大业务。这一高速增长现象反映了随着时代与技术的进步，人类对移动性和信息的需求急剧上升。越来越多的人不希望被固定在办公室里或者家里，而是希望在移动的过程中能够快速便捷地接入互联网，获取急需的信息，完成想做的事情。所以，移动通信与互联网相结合是以大量客户的需求为驱动的，是技术发展的必然趋势。移动互联网是一个全球性的、以宽带 IP 为核心的、可同时提供语音、图像、传真、数据、多媒体等高品质电信服务的新一代开放式的电信基础网络，是国家信息化建设的重要组成部分。

2）移动互联网的特征

本质上，移动互联网继承了移动通信和互联网二者的特征。互联网的核心特征是开放、分享、互动、创新，而移动通信的核心特征是随身、互动，由此不难看出，移动互联网的基本特征就是：用户身份可识别、随时随地、开放、互动和用户更方便的参与。未来移动互联网的产品创新将会重点顺应和发挥这一优势：基于用户身份、基于用户位置、随身、用户高度参与。

3）移动互联网的体系结构

移动互联网主要包括移动终端、移动网络和应用服务三个要素。下面从业务体系和技术体系来介绍移动互联网的架构。

（1）移动互联网的业务体系

目前来说，移动互联网的业务体系主要包括三大类：

①固定互联网业务向移动终端复制，从而实现移动互联网与固定互联网相似的业务体验，这是移动互联网业务的基础。

②移动通信业务的互联网化，将传统的移动通信业务移植到互联网上来，使用户在享受移动通信带来的便捷的同时，能够更加灵活地接入互联网，从而能够更加快速地获取自己所需要的各类信息，用于处理和完成各类自己想完成的事情。

③结合移动通信与互联网功能而进行的有别于固定互联网的业务创新，这是移动互联网业务发展的方向。移动互联网的业务创新关键是如何将移动通信的网络能力与互联网的网络与应用能力进行聚合，从而创新出适合移动互联网的互联网业务。

5 智慧粮食与移动互联网

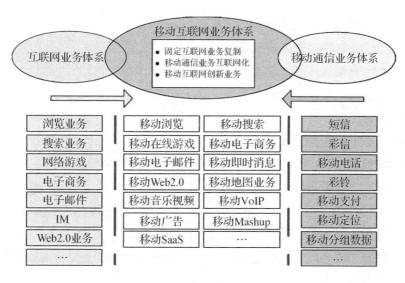

图 5-2 移动互联网的业务体系示意图

（2）移动互联网的技术领域

移动互联网作为当前空旷的融合发展领域，可以涉及各个学科、有着广泛的应用领域和产业市场。纵览当前移动通信和互联网业务技术的发展，移动互联网的发展可以从六个技术领域着手，如图 5-3 所示。

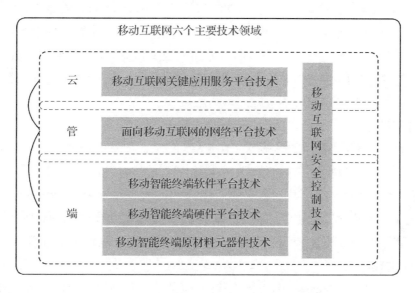

图 5-3 移动互联网六个主要的技术领域

移动互联网关键应用服务平台技术
面向移动互联网的网络平台技术
移动智能终端软件平台技术
移动智能终端硬件平台技术
移动智能终端原材料元器件技术
移动互联网安全控制技术

4）典型应用

如果说移动互联网是一座大厦，那么移动互联网的基本能力就是构建大厦的一些最基本的结构化组件，这些基本能力经过组合、会聚、延伸、拓展，形成了丰富多彩的移动互联网应用。虽然应用层出不穷、永无止境，但下述的这几项能力是移动互联网区别于传统互联网的基本能力，移动互联网如果要想获得深入的发展，必须注重这些基本能力的深度结合。

①消息能力

从最早的短消息到多媒体消息，再到现在的即时消息，消息能力可靠实用、成本低廉，不受终端开、关机和网络忙闲等状态影响，一直是移动互联网的基本能力，被广大用户接受、熟知和大规模使用。

②定位能力

移动性是移动终端（如手机）和 PC 的关键区别，移动定位能力可以通过测量卫星、基站等无线信号计算出用户当前的位置，提供与当前位置相关的各种服务。定位能力包括 GPS 卫星定位、基站定位、GPS 卫星和基站联合定位、WLAN 定位等多种方式。根据定位方式不同，定位精度差别较大，目前 GPS 卫星和 WLAN 的定位精度可以达到 10 m 左右。

③支付能力

支付是生活中最常用的用户行为，由于移动终端（如手机）携带方便、号码唯一且真实，使得手机可以提供一个可信任的交易账户，而被作为"钱包"使用。支付能力包括近程支付和远程支付，其中远程支付尤为符合移动互联网的特性。就像传统互联网发展轨迹一样，电子商务和交易平台是移动互联网的重要发展方向，随着技术的不断发展，远程支付将伴随着移动通信技术日趋完善和移动市场的逐步成熟而深入发展。

④浏览能力

正如 Explorer、Firefox 是互联网浏览的主要载体一样，各类移动终端浏览器是移动终端获得移动互联网信息的基本载体。移动终端浏览器需要能够同时支持浏览

Web 及 WAP 两种格式,能够把互联网内容转换成适合移动终端浏览的格式,能够进行数据压缩。这些要求对早期的移动终端而言实现较为困难,因此浏览器逐步从移动终端预装发展为基于客户端/服务器端的架构,由服务器负责页面所需的数据处理及压缩工作,客户端负责解析处理过的数据,类似 UCWeb 模式,形成移动互联网的浏览能力。

基于这些基本能力的移动互联网典型应用有:

(1) 移动办公

移动办公是高速发展的通信业与 IT 业交融的产物,是继计算机无纸化办公、互联网远程化办公之后的新一代办公模式。用户通过在移动终端上安装企业信息化软件,连接用户原有的各种 IT 系统,包括 OA、邮件、ERP 以及其他各类业务系统,通过移动终端浏览和处理工作事务,摆脱了在固定场所、固定设备上进行办公的限制,为企业管理者和商务人士提供了极大的便利,尤其是对突发性事件的处理、应急性事件的部署有极为重要的意义。

(2) 移动电子商务

移动电子商务依托移动互联网,利用手机、掌上电脑等移动终端设备进行在线交易和商务活动,如手机理财、手机证券、银行业务、网上购物、手机彩票、手机交易、移动商城、保险理赔等。

(3) 移动搜索

移动搜索利用移动网络作为数据传输承载,把分布在传统互联网和移动互联网上的数据进行搜集、整理,供移动终端用户进行查询。与 PC 相比,移动终端用户在搜索时更希望获得周边地域的内容,如周边位置、本地新闻、购物信息等,要求搜索结果更精准、搜索排序更满足个性化要求,能够进行个性化、针对性的推荐。

(4) 移动识别

移动识别业务利用移动终端集成的摄像头对目标对象进行拍照或者拍摄视频,通过移动网络上传到基于云计算架构的服务器上,由服务器对目标进行识别并提供更多和目标相关的信息。如果目标是风景名胜,可以得到相关的旅游资讯与推荐;如果目标是书籍,可以得到相关的竞价和评论;如果目标具有二维码,可以直接通过条码解析找到产品相关资讯;如果目标是人物,则可以进行人物识别,显示目标人物的社会网络关系、博客网站、联系信息等。

(5) 位置服务

位置服务是移动互联网特有的业务,也是用户需求量极大的业务。目前许多手机已经在芯片上集成了 GPS 定位功能,服务提供商可以利用 GPS 卫星和运营商基站信息确定用户当前位置,提供周边详细地图,为用户指引去目的地的最佳路径,查找朋友或家人的位置,为用户提供当前所在位置的各种信息,如当前所在地的天气、交通及购物信息等。

(6)移动支付

移动支付是一种利用移动终端,通过短信、STK、语音、WAP、RFID等方式,进行消费、充值、转账、查询等电子商务操作的业务。比如手机支付,手机支付利用手机号码真实、可靠和随身携带的特点,把用户的手机号码与银行卡等支付账户进行捆绑,使得手机账户成为用户的"钱包",用户可以利用手机进行票务预订、小额支付、网上购物等金融活动。手机上还可以集成RFID射频装置,作为移动POS机轻松完成购买电子门票、公交刷卡等日常操作,方便用户生活。

除此之外,移动音乐、WAP服务、移动游戏、移动阅读、邮件推送等都是移动互联网的典型应用。

5.1.2 移动互联网的特性

随着智能机的普及,大众似乎都融入到移动互联网的浪潮之中。不过移动互联网并非就是用手机上网,它的本质是互联网以自然的方式融入生活的时时刻刻、方方面面,因此其具有以下特性:

(1)便捷性。移动互联网的随意性体现在它提供了丰富的应用场景,让人们可以在任何完整或零碎的时间使用,移动用户可随时随地方便接入无线网络,诸多应用可以同时进行。此外,随时随地均可使用的移动应用还可以把很多消费的研究和决策往后推。例如,出行之前不用再专门去查找路线,上车后打开GPS便可以了。

(2)智能感知。移动互联网的设备可以定位自己所处的方位,采集附近事物及声音的信息。而现在更新的设备还拥有嗅觉,可以感受到温度及外界的触碰,这显然要比传统的设备"聪明"很多。

(3)个性化。移动互联网的个性化表现为终端、网络和内容与应用的个性化。首先,终端个性化表现在消费移动终端与个人绑定,个性化呈现能力非常强;其次,网络个性化表现为移动网络对用户需求、行为信息的精确反映和提取能力;最后,互联网内容与应用的个性化表现在采用社会化网络服务、博客、聚合内容(RSS)、Widget等技术,即终端个性化和网络个性化相互结合,使个性化效应极大地释放。

移动互联网之所以能具有上述特性,在于其各个方面的技术引擎支持。

在互联网访问和下载方面,移动用户利用移动终端的WAP(无线应用协议)就可以方便地享受互联网的服务，毕竟移动浏览技术是移动互联网最基本的业务能力；移动下载技术是通过移动通信系统的空中接口对媒体对象进行远程下载的技术。应用服务商及内容提供商可不断开发更具个性化、更贴近用户需求的服务应用及媒体内容，如移动游戏、位置服务以及移动商务等。手机用户可以方便地按照个人喜好把网络所提供的各种媒体对象及业务应用下载到手机中安装使用。

在用于提供移动用户和移动终端状态的技术引擎方面，呈现业务使用户可以通过网络实时发布和修改自己的个性化信息；无线定位业务则通过一组定位技术获得移动台的位置信息，并将其提供给移动用户本人或他人以及通信系统，实现各种与位置相关的服务。

用户社区中的即时状态和即时消息存在着两种标准：一种是基于无线的即时消息和出席服务；另外一种是基于 SIMPLE/SIP 的即时状态和即时消息。其中后者是业务发展的主要趋势，它能够充分利用 IP 多媒体子系统提供的会话控制机制。而即时通信类业务的基本能力实体是组和列表管理。若要完成这项管理，需要经过授权的 PoC、IM 等对列表文档进行获取、添加、删除和修改。

移动搜索业务是一种典型的移动互联网服务，它是基于移动网络的搜索技术的总称，是指用户通过移动终端，采用短消息业务（SMS）、WAP、交互式语音回应（IVR）等多种接入方式进行搜索，获取 WAP 站点及互联网信息内容、移动增值服务内容及本地信息等用户需要的信息及服务。

OMA 是基于分类的内容过滤，用于明确一种基于分类的内容过滤框架。它规范了基于相关规则的内容过滤应用中，各功能实体之间的接口，即可对来自或到达用户的任何信息应用内容进行过滤。因此在移动互联网应用环境中，它可以保护用户避免接收到他们不想接收或未被同意接触到的内容。例如：未成年人接触成人内容（如性、暴力等）应该被控制并限制，公司在上班时间控制其员工能接触的内容，不让他们接触到与工作无关的内容等等。

如今，各种宽带无线通信、移动通信和互联网技术都在移动互联网业务上得到了很好的应用。从长远来看，移动互联网实现技术多样化是一个重要趋势。而这种多样化主要体现在网络接入技术和移动终端解决方案两个方面。

对于网络接入技术而言，目前能够支撑移动互联网的无线接入技术主要有：无线局域网接入技术（Wi-Fi）、无线城域网接入技术（WiMAX）、传统 3G、4G 技术等。不同的接入技术适用于不同的场所，使用户可以在不同的场合和环境下接入相应的网络，这势必要求终端具有多种接入能力，也就是多模终端。

移动终端作为移动业务推广的生命线,随着业务的逐渐升温,其解决方案也在不断增多。移动互联网设备中最为大家熟悉的就是手机,也是目前使用移动互联网最常用的设备。与此同时,手机操作系统也呈现多样性的特点。

5.2 移动互联网在智慧粮食中的应用

据中国互联网络信息中心统计,2012年,手机超过台式电脑成为中国网民登录互联网所选择的最主要终端。在有线时代,互联网给全球经济、社会、人文等方方面面带来了显著改变,创造了大量机会和无数财富。那么试想,在脱离了网线束缚之后,面对数量更加庞大的无线接入用户,移动互联网能给人们带来什么?不同的人会得出不同的答案,但有一点是相同的,那就是移动互联网必将在更大范围、更深层次对经济社会产生影响。

移动互联网技术是拉近"互联网+"与粮食行业距离的一双大手。随着信息技术的发展,以手机、平板电脑为代表的移动数字终端的性能得到极大的提升,同时结合无线通信网络技术的发展,移动互联网技术使人们彻底摆脱了网线的束缚,进入到无线互联的时代。随着移动互联网技术的普及,人们可以在田间地头、生产车间、仓库码头、农贸市场随时随地登录网络,打通了粮食行业信息化发展"最后一公里"的难题,使得整个粮食行业可以实现从顶层到终端的互联互通。

为了得到更好的发展,我国的粮食行业也已经开始借力于移动互联网。中央电视台财经频道《中国财经报道》栏目在2014年4月报道了刘达和他带领的"额谷"团队通过微博和微信平台的营销来经营东北黏大米、黏黄米、黏高粱等粮食产品并获得商业成功的案例。

图5-4 "额谷"团队微博主页

5 智慧粮食与移动互联网

无锡粮宝宝商务有限公司从成立之初就结合线上和线下同步经营，客户使用手机登录粮宝宝网上商城完成下单付费，便可等待公司物流送货上门，交易信息自动汇总到公司后台数据库，其所售货品都配有记录产地、生产厂家、生产日期及保质期等信息的二维码标签，使用手机扫描就可轻松查看相关信息。

图 5-5 粮宝宝公司网站主页

5.3 移动互联网给粮食行业带来的深刻影响

李克强总理在《政府工作报告》中突出强调制定"互联网+"行动计划的目的就是要助推中国经济新一轮腾飞，在大众创业、万众创新的背景下，充满勃勃生机的"互联网+粮食"的发展与应用将会创造出新的技术结合范式、新的产业商业模式、新的经营服务种类，进一步达到创造更多经济价值的目的，在中国经济新常态下，为引领创新、驱动产业转型，推动我国经济结构由中低端迈向中高端发挥积极的重要作用。

中国互联网建设的现状呈现出巨大的城乡差距、行业差距，"互联网+粮食"信息基础设施建设市场巨大。据中国互联网络信息中心发布的《2013年中国农村互联网发展状况调查报告》，城镇网民数量占比达到72.4%，而农村网民仅占27.6%，对此，国家的"互联网+"战略实施后，应尽快实现村村能上网。而数据基础设施的建设，主要是政府要对现有的互联网数据资产进行管理，并开放给社会使用，这些数据目前多半控制在政府和国企手上。比如铁道部门已经开放数据给第三方订票软件，让民间力量帮助政府分担天量订单带来的网络压力。

移动互联网技术的使用可以对传统粮食业态"流程"产生颠覆性的改变。一方面，种粮农户可以通过手机方便地了解国家相关政策，及时获取需求、价格信息，调整种植计划，定制个性化的天气、物流信息提醒，实时对接专家咨询解决生产过程中遇到的问题，足不出户订购销售生产物资和农产品等等，从而解决了很多种粮农户的后顾之忧，使他们能将更多精力投入到粮食生产上，例如，（人民邮电报）山东移动推出"农信通""村务通""农资通"等信息平台，为农民提供科技兴农信息、农产品流通信息、村务信息、文化信息等，同时实现农业生产的远程监控和信息化管理。另一方面，企业可以通过对移动端的重视来提高效益，例如（比特网）中化化肥控股有限公司利用 IBM 移动先行（Mobile First）解决方案构建销售及分销的移动平台，开拓偏远农村的化肥销售潜在市场，并通过与物流行业的协作确保订购和交货环节的准确及时，中化化肥项目经理何萍实表示："利用针对行业的移动解决方案，我们部门能够更加及时、全面地查看整个销售和运营流程，为业务发展和决策制定提供依据。这些应用对于提高销售队伍效率、响应能力，以及提升农民客户满意度来说至关重要。"基于移动互联网技术的使用，从下单到交货这一过程，过去需要一个多月，而现在平均 10 天就能完成，极大地提高了生产、销售效率。

充分利用基于互联网的信息技术发展"网上粮店"，推广"网订店取""网订店送"等新型粮食零售业态，促进在线、线下融合发展，积极探索从粮食收购到餐桌消费"一条龙"服务供应新模式，加快普及和深化电子商务在粮食流通领域的应用和发展。阿里巴巴启动的"千县万村"计划，预计在 3 至 5 年内投资百亿元，建立 1 000 个县级运营中心和 10 万个村级服务站，这意味着在今后几年将会使其电子商务网络覆盖到全国 1/3 强的县以及 1/6 的农村地区。相较于阿里巴巴偏重营销的布局策略，京东依靠自身物流体系在农村设立信息站，并将其作为网络、农村物流的配送站和自提点的做法，短时间内很难收个盆满钵满。但京东农业电商可能就没考虑要在短期内赚钱。而最近网上热议的"京东送种子下乡"活动，使得京东的农业电商布局思路浮出水面，那就是由京东提供农产品优质种子和生鲜优质幼苗，由农民在农村市场培育，最后通过京东平台销售。这一闭环式的布局一旦形成，京东将把广大的农村打造成一个庞大的生鲜生产基地，竞争力可想而知。中粮集团旗下的"我买网"依托中粮集团独特的优势，为保证产品质量并减少中间环节，在一些有"地标性"农产品出产的地区设立了"我买网专供基地"，与当地农民展开长期合作。这些都是"互联网+粮食"背景下，电商与粮食行业、农民、农村结合的成功模式。

6 智慧粮食与大数据

如果说物联网技术是"互联网+"用以采集粮食数据的眼睛,那么云计算技术和大数据技术可以说是"互联网+"分析处理粮食数据的大脑。大数据技术就是指将体量特别巨大、种类特别繁多的数据集合在有限时间内进行处理和分析,并得到有价值信息的技术,大数据技术包括数据的采集、存储、传输、建模、分析等许多内容。

6.1 大数据技术

随着互联网高新技术的创新与发展,计算机和相关信息技术,如云计算、移动互联网、物联网等的快速兴起以及移动智能终端的迅速普及,各种行业应用所产生的数据呈现出爆炸式增长的态势,使得人类社会的数据以超出人们想象的速度在快速增长,从而催生了一个全新的概念——大数据(Big Data)。一个省会城市公安局道路车辆的监控数据三年可达 200 亿条,总量 120 TB;中国移动一个省的电话记录数据每月可达 0.5 PB ~ 1 PB;百度每天处理的网页数据达 10 PB ~ 100 PB,淘宝累积的交易数据达 100 PB……因此,寻求有效的大数据处理技术及方法已经成为现实世界各行业的迫切需求,据世界权威 IT 信息咨询公司 IDC 的研究报告预测:全世界数据量在未来的十年将从 0.8 ZB 增长到 35 ZB,这个速度不仅指数据量的增长,而且还包括数据种类的不断增加。今后 20 年全球将步入大数据新时代,人类将面临一个数据爆炸式增长的时代。

6.1.1 大数据的定义

提到大数据,人们常常会问,到底多大的数据才叫大数据?事实上,并没有一个定量的数据来描述大数据。维基百科给出了一个定性的描述:大数据是指无法使用传统和常用的软件技术在一定时间内获取、存储、管理和处理的数据集。而在维克托·迈尔·舍恩伯格及肯尼斯·库克耶编写的《大数据时代》中给出的大数据的定义是不用随机分析法（抽样调查）这样的捷径，而是采用所有数据进行分析处理。进一步讲，大数据一词的重点已经不仅在于数据量的多少，它代表着信息技术进入了一个崭新的时代，代表着数据量的大爆炸给传统的计算技术和信息处理技术带来的新的技术挑战和困难，代表着数据处理技术对于新方法和新技术的迫切需求。

6.1.2 大数据的特征

对于大数据的基本特征，业界通常用 4V 来概括，即 Volume（大量）、Variety（多样）、Value（价值）、Velocity（高速）。具体地讲，大数据的 4V 特性是指大数据具有数据体量巨大、数据类型繁多、价值密度低、时效性要求高等特点。图 6-1 呈现了大数据的基本特征。

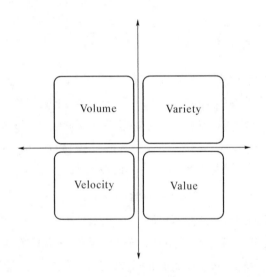

图 6-1 大数据的基本特征

（1）数据体量巨大。数据量大是大数据的基本属性，大数据的数据量从 TB 级别跃升到 PB（1 P=1 024 T）级别。非结构化数据的超大规模增长占总数据量的 80%～90%，比结构化数据的增长速度快 10 倍到 50 倍，是传统数据仓库的 10 倍到 50 倍。

（2）数据类型繁多。数据类型繁多，复杂多变是大数据的重要特性。随着互联网技术和通信技术的迅猛发展，在数据激增的同时，新的数据类型层出不穷。如今的数据类型早已不仅仅是单一的文本形式和便于存储、处理的结构化数据,非结构化、半结构化的异构数据(如 XML、HTML、图像、音频、视频、各类报表、地理位置信息等)也越来越多,这些异构数据对数据处理能力提出了更高的要求。

(3)价值密度低。以一个 24 小时的监控视频为例,在连续不间断的监控过程中,有价值的数据可能时长仅为几分钟,大量的不相关信息降低了数据的价值密度,因此,必须对大量数据进行价值"提纯"才能真正获得数据的价值。

(4)时效性要求高。这是大数据技术和传统的数据挖掘技术的本质不同。随着各种传感器和互联网络等信息获取和传播技术的飞速发展、普及,数据呈爆炸式增长,需要数据处理的速度相应地提升,并要求对数据进行快速、持续的实时处理。从用户体验的角度,对于某些应用,3 秒钟是可以容忍的最大极限,对大数据应用而言,很多情况下必须要在 1 秒钟内形成结果,否则处理结果就是过时和无效的。

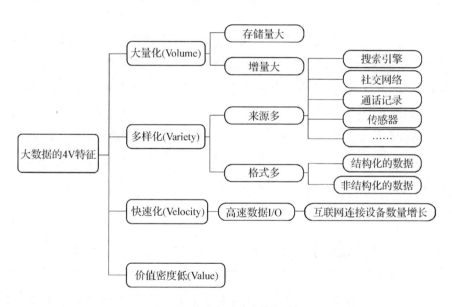

图 6-2　大数据的基本特征详解

当前,业内不少专家提出了大数据的第五个特性:Veracity(准确),这是对数据处理结果的高准确性要求,即处理的结果必须保证一定的准确性。鉴于大数据的数据量巨大、价值密度低的特性,采用相关技术和方法选取的数据是否具有代表性、处理的结果是否准确等成为衡量大数据技术成败的关键因素。

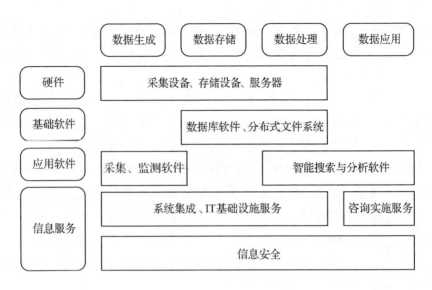

图 6-3 大数据技术

大数据不仅仅指数据本身的规模,也包括获取数据的工具、平台和数据处理系统。解决大数据问题的核心是大数据技术。大数据技术是指快速从多样化的海量数据中获得有价值信息的技术。研究和应用大数据的主要目标是:以有效的信息技术手段和计算方法获取、处理和分析各个应用行业的海量数据,发现和挖掘数据的深度价值,为行业提供高质量、高附加值的服务。因此,大数据相关技术研究的核心目标是价值的发现,而其技术手段则是依托计算技术和信息技术。

6.1.3 大数据的构架

大数据处理关键技术主要包括:大数据采集、清洗、存储、管理、分析及挖掘、展现和应用(如大数据检索、大数据可视化、大数据应用、大数据安全)等。图 6-4 展示了大数据处理技术的构架,图 6-5 给出了大数据处理关键技术之间的关系。

6 智慧粮食与大数据

图 6-4　大数据处理技术构架

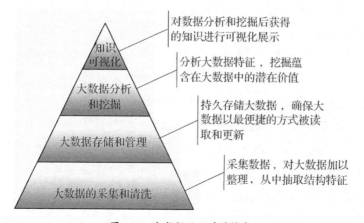

图 6-5　大数据处理关键技术

大数据技术致力于将隐藏在海量数据中的有效信息和知识挖掘出来，为各行业应用活动提供支撑，从而提高行业应用的运行效率，提高整个社会经济的集约化程度。大数据将重点应用于以下三大领域：商业智能、政府决策、公共服务。例如：商业智能技术，政府决策技术，电信数据信息处理与挖掘技术，电网数据信息处理与挖掘技术，气象信息分析技术，环境监测技术，警务云应用系统（道路监控、视频监控、网络监控、智能交通、反电信诈骗、指挥调度等公安信息系统），大规模基因序列分析比对技术，Web 信息挖掘技术，多媒体数据并行化处理技术，影视制作渲染技术，其他各种行业的云计算和海量数据处理应用技术等。

6.1.4　典型应用

随着大数据在各行各业的广泛应用，人们可以看到大数据的一些新奇的应用，从而帮助人们获取到真正有价值的信息。政府、企业或者个人都会受到大数据分析的影响，但是大数据是如何帮助人们挖掘出有价值的信息呢？下面是几个大数据在分析应用上的典型领域：

1）理解用户和满足客户服务需求

大数据在该领域的应用是最广为人知的。企业可以通过社交媒体、用户历史行为等搜集数据，以更加全面地了解用户需求。在一般情况下，建立起相关数据模型进行预测。例如，通过大数据的应用，电信公司可以更好地预测出流失的客户，大型超市则可以更加精准地预测哪个产品会热卖，汽车保险行业会了解到客户的需求和驾驶水平。

2）业务流程优化

大数据也能够帮助业务流程的优化。可以利用社交媒体数据、网络搜索以及天气预报挖掘出有价值的数据，其中大数据最广泛的应用就是供应链以及配送路线的优化。在这两个方面，可以通过地理定位和无线电频率识别追踪货物和送货车，利用实时交通路线数据制定更加优化的路线。人力资源业务也通过大数据的分析来进行改进，这其中就包括了人才招聘的优化。

3）提高医疗和药品研发

大数据分析应用的计算能力可以让我们在几分钟内解码整个 DNA，并且让我们可以制定出最新的治疗方案，同时可以更好地去理解和预测疾病。就好像人们戴上智能手表等可以产生的数据一样，大数据同样可以帮助病人监测和分析病情，以便进行更好的治疗。大数据技术目前已经在医院应用监视早产婴儿和患病婴儿的情况,通过记录和分析婴儿的心跳,医生针对婴儿的身体可能会出现的不适症状作出预测。这样可以帮助医生更好地救助婴儿。

4)提高体育成绩

现在已经有很多运动员在训练的时候应用大数据分析技术了,例如用于网球比赛的 IBM SlamTracker 工具。我们还可以使用视频分析来追踪足球或棒球比赛中每个球员的表现,而运动器材中的传感器技术(例如篮球或高尔夫俱乐部)让我们可以获得比赛的数据以及如何改进的方案。很多精英运动队还追踪比赛环境外运动员的活动——通过使用智能技术追踪其营养状况、睡眠,以及社交对话来监控其情感状况。

5)改善我们的城市

大数据还被应用于改善我们生活的城市。例如基于城市实时交通信息、利用社交网络和天气数据来优化最新的交通情况。目前很多城市都在进行大数据的分析和试点。

6)金融交易

大数据在金融行业主要是应用于金融交易。高频交易(HFT)是大数据应用比较多的领域。其中大数据算法被用来作为交易决定的依据。现在很多股权的交易都是利用大数据算法进行,这些算法现在越来越多地考虑了社交媒体和网站新闻来决定在未来几秒内是买入还是卖出。

以上是大数据的几个典型应用场景,事实上,随着大数据的应用越来越普及,还有很多新的大数据的应用领域,以及新的大数据应用。下面以当前大家普遍使用的移动支付终端——支付宝为例,简单介绍一下大数据在我们生活中的具体应用。

2015 年 7 月 10 日,支付宝进行了史上最大一次更新,针对新版支付宝强行取消登陆手势密码给用户带来的安全疑问,支付宝向用户提交的安全报告中指出,支付宝研发并运行的大数据风险防控体系,通过对用户行为、关系、偏好、账户、设备、位置等信息的综合分析处理,甚至是每一次敲击屏幕、触摸屏幕的指压感应、接触面积、时间间隔,大数据平台都通过陀螺仪、重力感应等记录下来,一旦检测到相关指标与账户主人不同,该大数据风险防控体系便会高度警惕。同时,借助于大数据平台的检测分析,可以对用户所在关系网中的每一个账户进行信用判定,一旦与危险账户发生资金关系,便会立刻进行警示。也就是说越使用越安全,因为用户的行为习惯会成为安全策略分析的重要线索,用户的点滴习惯,构成了最难复制的密码,即便是账户被盗,账户里面的钱也不会被拿走。利用大数据风险防控体系,支付宝给用户带来便捷的同时,也降低了风险发生几率,将风险发生率控制在了百万分之一以内。

6.2 粮食大数据的采集与清洗

6.2.1 大数据采集

粮食大数据的采集方法具有大数据的普遍特征,同时也具有自己的特点,具体来说主要有以下几个采集途径。

1)传感器网络采集

粮食行业涉及的仓储、物流、交易、预警等各个环节都已经或正在布置大量的传感器网络,这些传感器不停地收集、汇总、上报大量的原始数据,这些数据是粮食大数据中最原始的数据部分,也是其主要来源之一。

2)系统日志采集方法

数量众多的粮食企业和各级各类的粮食政务部门在日常生产、办公流程中所产生的庞大数据,其中系统日志信息占据相当重要的地位。系统日志可以用海量数据采集工具采集。

3)网络大数据采集方法

网络是大数据的主要数据来源,网络大数据采集是指根据用户部署的任务,对网络中的数据进行高度并行的采集,并将数据迅速收集到系统中的数据采集方法。使用网络大数据采集方法,可以及时、大量地收集政策法规走向、交叉行业信息、全球市场行情以及网民舆情等信息数据,通过有效的分析挖掘,可以对粮食行业的政策制定、生产策略、物流配送、监管领域、预警指标进行有效调控。

6.2.2 大数据清洗

数据是信息的基础,为了获得更加准确可靠的大数据分析结果,必须要首先确保原始数据的质量,为此必须对所获取的数据进行"清洗"。清洗的过程简而言之就是判断数据前后是否一致或相关,对有问题的部分进行修改或剔除。数据清洗的方法主要包含辨析、抽取、清理、融合等。

(1)辨析:辨别分析原始数据集中哪些数据是有用的,需要进行下一步的处理。

(2)抽取:抽取的过程就是将所获得的复杂数据从某一角度进行简化,以便于后期的处理。

（3）清理：清理就是按照一定的规则清洗掉垃圾数据，确保后期处理的数据都是有效数据。如图6-6所示。

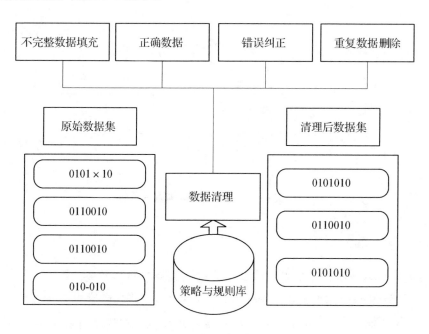

图6-6 数据清理技术

（4）融合：针对大数据的异构性，通过多融合引擎将不同类型的数据汇合到一个统一的数据集合中。

6.3 粮食大数据的存储与管理

粮食大数据存储与管理是指建立完备合理的数据库，实现对已获取的粮食大数据的存储、管理和调用。粮食大数据存储与管理主要依托以下两项关键技术。

6.3.1 分布式异构存储技术

依据结构，数据可以分成结构化数据和非结构化数据两种不同的类型。结构化数据是指可以用一致的结构和格式进行存储的数据；非结构化数据则是指不可以用一致的结构和格式进行存储的数据。非结构化数据没有统一的大小和格式，这给数据的分析和挖掘带来了更大的挑战，非结构化数据的出现导致了可挖掘数据的激增。面对迅猛发展的非结构化数据，大数据技术为了进一步提高不同处理系统对数据的存储、使用效率，越来越多的使用分布式异构存储技术来存储数据。如图6-7所示。

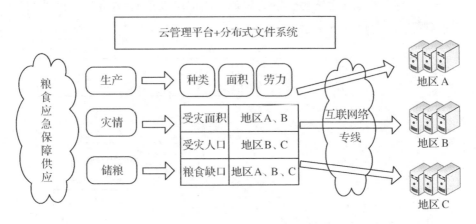

图 6-7 分布式异构存储技术

6.3.2 多维索引技术

维度,可以理解为分析处理数据不同的出发点或观察角度。数据的属性可以从维度和量度两个角度考察,维度可以定义考察的方向,量度可以定义考察的量值。从不同维度对同一数据进行考察可以更加准确地对现状进行描述,同时对同一数据从不同维度进行检索,可以快速定位目标。如图 6-8 表示的是多维索引技术在灾情信息检索中的应用,灾情数据集有地区、时间、内容 3 个维度。

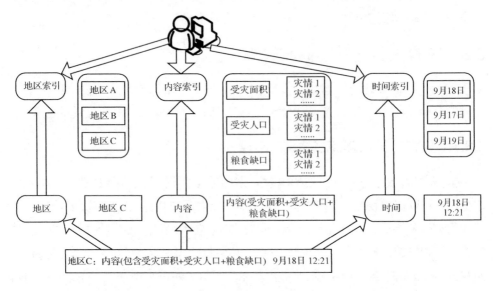

图 6-8 多维索引技术

6.4 粮食大数据的分析与挖掘

粮食与大数据的结合,难点在于分析,关键点在于挖掘。当前处于信息爆炸时代,对大数据技术的正确理解和运用不是指所收集的数据量如何巨大,而在于通过对大数据的分析,可以获取更多深入、有价值的信息并加以利用,从而有效提升竞争能力。

数据分析(Data Analysis),通常是使用科学的统计学分析手段对采集到的数据进行分析,从中获取有价值的信息并掌握规律,从而实现对数据的深入研究和全面总结,实现对数据价值的最大化利用。数据挖掘(Data Mining),就是从大量、随机、无关联数据中通过一定联系提取出对人们有价值的信息的技术。

随着大数据技术的发展,海量数据信息大多使用非关系型数据库(NoSQL)进行存储和处理,许多新型数据挖掘处理工具应运而生。Google 云计算框架 Hadoop 是目前较为流行的大数据平台框架,MapReduce 分布式计算框架又是 Hadoop 的核心技术之一。

回到前面提到的粮食应急保障供应的问题,当灾情发生时,依托大数据处理平台收集相关情况,将灾情(数据集)分割为若干个数据块(数据子集)分布在不同的计算节点,通过 Map 过程,并行统计每个节点上数据块(数据子集)中的灾情情况,所有并行统计的结果通过 Reduce 过程进行合并汇总,即得到整个灾情的全面情况,如图 6-9 所示。

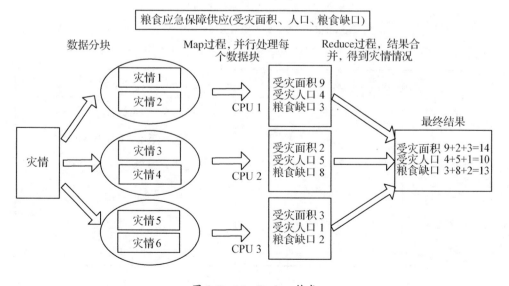

图 6-9 Map Reduce 技术

6.5 面向粮食安全的粮情监测预警

6.5.1 粮食监测预警与大数据的结合

民以食为天,食以安为先。粮食安全问题自古以来就是关乎国计民生的大问题,习近平主席多次强调要确保广大人民群众"舌尖上的安全"。粮食监测预警是保障粮食安全的重要工作,其内容在很大程度上会影响政府决策的过程和结果,必须采取适当的方法,进行客观、科学的粮食监测,进而提供准确有效的粮食预警。

现有的粮食监测预警主要是通过信息采集、汇总上报、统计分析来完成监测预报,但是这种方式存在明显不足:

(1) 粮情数据采集过程中信息化程度低,大部分靠人工申报汇总,具有人为的主观性,且无效数据的产生不可避免,客观现象难以全面反映。目前粮食部门主要依靠对相关人员进行业务培训来减少上述问题,但收效有限,且在全国范围内每年组织相关教育培训也要消耗大量的财力物力。

(2) 相关信息的上报时间与信息采集的地域范围大小、环节多少成正比,传统的工作流程所用时间长,时效性差,有效预警时间被大大缩短。

(3) 所采集信息多是粮食行业内部情况,与其他行业领域,如金融证券、交通物流、生产制造、天气、战事等,交流少,分析情况片面。

针对以上问题,要增强粮食监测预警的有效性、前瞻性,提高预警信息的准确性,就必须结合信息技术,特别是大数据技术对原有监测预警模式进行改进。

	传统时代	大数据时代
监测对象	相对单一	全行业,甚至全社会的各个环节
监测项目	按照预设项目采集记录	采集记录所有可以监测内容
监测周期	年度、季度	年、季、月、周,甚至更短时段
信息时效	适时、及时	实时、同步
预警阈值	专家库、固定值	自主学习、智能分析
预警内容	概略性、趋势性	精确、明确

图 6-10 粮食监测预警要求的变化

进入大数据时代,由于粮食监测预警所囊括的粮食种类项目由具体向全面发展,覆盖的地域范围由局部向全国发展,粮食监测预警所分析的数据体量越来越大,复杂程度越来越高,相比传统统计方法和工具的难以应对,大数据技术则可以有效地处理海量数据;粮情信息来源不再局限于文档,越来越多的音频、视频资料被人们重视起来,以往的分析方法不再适用,而大数据技术可以有针对性地对各种资料进行抽取、加工,进而完成分析;粮食监测预警的前瞻性要求则更像是为大数据技术量身打造的要求一样,大数据技术重点关注的是海量数据之间的关联性,通过对样本的学习,可以很好地预测样本未来的态势,这正是人们在粮食监测预警中所关注的。因此,粮食监测预警同大数据技术自然而然紧密结合起来。

6.5.2 大数据粮食监测预警系统建设思路

在大数据背景下,粮食监测预警系统应由数据源、数据分析和挖掘,以及预警发布三部分组成。

1)数据源

数据源部分,顾名思义,就是分析所用数据的来源,为粮食监测预警系统提供原始数据。同传统方式相比,大数据背景下的粮食监测预警系统的数据源应注意以下几个方面:

(1)数据源在设计时要合理规划监测内容,构建囊括所有涉及粮食安全相关内容的数据库,对相关项目全面收纳,确保原始数据的完备性、有效性、可用性。

(2)数据源软硬件建设包括相关数据采集、汇总、存储、管理全过程,要充分结合物联网技术和云计算技术,丰富数据获取手段、便捷数据传递流程、确保数据存储安全、简便数据运用方法。

(3)数据源应制定相关数据标准,完成对入口数据的分类和量化,力争输出数据标准化,为数据分析过程减少负担;同时,数据源应制定标准数据库,为数据预警提供依据。

2)数据分析和挖掘

前面说过,粮食与大数据结合的难点在于分析,关键点在于挖掘,粮食监测预警系统的数据分析和挖掘部分重点则是预警模型的构建。

(1)构建新型预警模型。传统的粮食监测预警模型大多存在分析角度片面、处理大量数据能力差的缺点,在大数据时代,为了更好地完成监测预警任务就需要构建新型的预警模型。

（2）构建合理的预警模型。合理规划对异构数据的处理，以便在更高层面、更多维度上找出数据之间的相关性。

（3）构建高效预警模型。高效预警模型的使用可以有效地减少系统在时间和资源上的开销，提高监测预警的时效性。

3）预警发布

预警发布部分重点在两方面。

（1）预警阈值的确定。合理有效的预警阈值是预警成功的关键，同过去相对固定的专家库式的阈值相比，大数据背景的预警阈值应采取自适应的模式完成预警阈值的确定。所谓自适应式的预警阈值是指以人工标定与系统调整相结合的方式，使粮食监测预警系统完成数据的分析和挖掘，通过将前期预测结果同后期实际发生情况作比对，将系统判定程度与人类判定程度作比对，依托人工智能技术自我学习，不断调整阈值标准，使之成为动态合理的标准。

（2）预警发布方式的调整。随着大数据技术的应用，粮食监测预警发布方式将有以下变化：

①数据内容可视化。大数据技术借助图形化手段，直观展现数据的大小、关系、趋势等内容，便于人们理解掌握。

②发布对象精准化。同样是通过大数据技术对发布对象的身份、需求、兴趣等情况进行分析，有针对性地发布预警消息，进而确保预警发布的有效性。

③发布途径多样化。依托统一的信息平台，粮食监测预警系统可以将预警信息发布在不同的数据终端上，也可以通过媒体以视频、音频形式广播。

6.5.3 需要注意的问题

尽管大数据技术极大地促进了粮食监测预警的发展，但还要注意以下几个问题：

（1）大数据技术重在探索数据相关性而非数据因果关系。虽然大数据技术可以实现在不同层次不同维度之间的数据比对并引发关联，但这并不是说关联的双方就是因果关系。例如，A事件出现引发B事件发生，B事件发生引起C事件结果，虽然A事件出现和C事件结果有关联，但A事件和C事件并不是因果关系。

（2）分析样本与全局关联有区别。其一，传统监测预警方法由于技术条件有限,通常是对所收集数据进行抽样,再进行分析判断;大数据技术可以实现对所采集的全部数据进行分析判断。其二,大数据背景下的监测预警依据尽管量很"大",但很难是全局。因此,大数据较之传统分析方法来说,得出的结果更为全面,但仍要注意其并不是目标全局,预警仍会有偏差。

(3)大数据背景下的监测预警仍是预测,其时效性与准确性是难以协调的矛盾,只有先按照需求确定合适的平衡点,才能得出较为满意的预警结果。

7 智慧粮食与云计算

为实现粮食信息融合共享,按照粮食信息化系统融合集成的总体要求,以云计算、云存储、虚拟化为基础,建设安全、集约、可靠的粮食数据中心,为"粮食大数据"提供基础平台。智慧粮食依托粮食数据中心,针对粮库收储及管理的各个环节产生的数据进行数据采集,建立数字粮食的数据仓库;通过数据挖掘技术实现数据多维分析,并建立粮食行业的预测模型等;运用多种数据共享技术实现粮食数据的共享,并建立粮食数据统一规范,同时将数据汇总展示,根据数字粮食标准规范,提供各业务数据集成到数据中心的标准数据内容和数据格式、数据集成方式,同时上传至国家级平台。

7.1 云计算技术

7.1.1 云计算的概念

云计算(Cloud Computing)是在网格计算(Grid Computing)的基础上,综合了并行处理(Parallel Computing)及分布式处理(Distributed Computing)等技术并深入发展而来的。云计算的本质是一种新的计算模式,它把计算的任务分布到大量的计算资源池中,使得应用系统可以根据自身的需要灵活地获取所需的计算能力、存储空间以及其他信息服务,通过网络将数据、IT资源以及各类应用进行综合集成,最终给用户提供无所不在的服务。

云计算从概念上可以分为狭义云计算和广义云计算,狭义云计算指的是IT设施交付及使用模式,是以按需分配和灵活扩展的方式获取自身需要的各类软、硬件资源。向用户提供资源的网络被称为"云",云中资源在使用者的角度来看是可以随时获取,按需使用,按使用付费,随时扩展的。用户使用IT基础设施就像使用水和电一样方便,无需在家建水厂和电厂。广义云计算则主要是指服务的交付和使用模式,在广义的云中,一切软件、硬件、服务、数据等都被视为服务,用户能够通过按需分配并且方便扩展的方式从云中获取自身需要的一系列服务。

借助云计算灵活的计算能力和高效的海量数据分析方法,粮食系统可以在云平台上运行各类智慧粮食业务系统。在云计算模式下,用户只要可以接入网络,并借助一些客户端,如手机、浏览器等,就能够完成计算的任务。用户无法看见这些提供强大计算能力的资源,并且完全不用管是怎样对这些资源进行部署及维护的,这些强大的资源就被称之为"云"。那么"云"就好比一个发电厂,但是它所提供的不只是电力,还有计算机的管理、应用以及计算等强大的能力。

云计算的平台是有着强大性能的"云"网络,它把并发的计算以及网络服务连接起来,并且可以通过虚拟化的技术把服务器、存储设备、安全体系等构建为统一的资源池,这些资源通过"云"连接起来,从而为用户提供强大的计算、存储等各类服务。通用云计算的体系结构如图7-1所示。

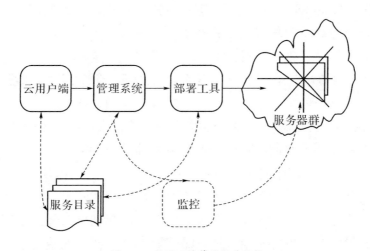

图7-1 通用云计算的体系结构

(1)云用户端:是提供给云用户用以对服务发起请求的一个交互界面,用户可以通过Web浏览器进行一系列的权限操作,是用户使用云的入口。打开应用实例操作的桌面系统应与本地操作相一致。

(2)部署工具及管理系统:这些工具和系统是用来提供服务及管理的,主要包括对云中用户的管理,如对用户授权、认证、登录等操作进行相应的管理,还包括对服务和计算资源的管理,以及动态地调度、部署、配置和回收资源等管理功能。

(3)服务器集群:是由管理系统管理的,物理的或者虚拟的服务器,主要是负责并发大量的用户Web应用服务、大运算量计算处理、用户请求处理,在云数据存储过程中选用适当的数据切割算法,以并行的方式上传和下载大容量的数据。

（4）服务目录：云中用户获得使用权限后，可以根据需要定制服务列表，包括对服务的订阅、修改、退订等。

（5）监控：主要功能是计量和监测云中资源的使用情况，在此基础上可以完成节点的同步配置、负载均衡以及资源监控，从而确保资源可以顺利地分配给相应的用户。

（6）管理系统：用户如果通过云客户端从服务列表中选取所需要的服务，那么其请求会通过管理系统处理，调度相应的资源，然后通过部署工具分发请求，最后配置 Web 应用。

7.1.2 云计算的特征

1）云计算的特点

（1）超大规模：企业的私有云一般拥有数百或者上千台的服务器，而 IBM、微软、Amazon、yahoo 等知名大型企业的云均拥有几十万台服务器，更有甚者 Google 的云计算已经拥有夸张的 100 多万台服务器。这种超大型的云资源分布式的在各个计算节点上进行相应的调度和计算，实现云计算对海量数据快速的处理操作。

（2）虚拟化：虚拟化技术包括应用虚拟化和资源虚拟化两种，每一项应用都是通过虚拟平台进行管理的，以达到对应用进行扩展、迁移与备份的目的，其所部署的环境与物理平台之间没有任何直接关系。

（3）高可靠性：云计算使用了数据多副本容错。用户的计算和应用被分布在不同的物理服务器上，即使其中一个服务器崩溃了，仍然可以通过动态扩展的功能，来添加部署新的服务器，这样就能保证计算和应用继续正常地运行下去。

（4）高灵活性：云计算平台可按照用户的需求部署资源和计算能力，在云的支撑下可以构造出千变万化的应用，可将各种 IT 资源（软件、硬件、操作系统、存储网络等）通过虚拟化，放在云计算虚拟资源池中进行统一管理，并兼容不同硬件厂商产品。

（5）高可拓展性：云计算给各类应用框架设置了各异的集群类型，提供了十分庞大的资源池，其中每种集群的类型都有着自己独有的拓展方式。这样就可以通过动态扩展虚拟化的方式达到对应用进行扩展的目的。

（6）高性价比：由于云的特殊容错措施可以采用极其廉价的节点来构成云。云计算采用虚拟资源池的方法管理所有资源，对物理资源的要求较低，可使用低配置的机器和外设获得高性能计算服务。

（7）按需服务：大量云计算用户共享同样的软硬件资源，每个用户按需使用资源。

2）云计算技术的难点

（1）高可靠的系统技术：支撑云计算的是大规模的集群计算系统，当系统规模增大后，可靠性和稳定性成为最大的挑战之一。

（2）可扩展的并行计算技术：并行计算技术是云计算的核心技术，也是最具挑战性的技术之一。多核处理器的出现增加了并行的层次性能，使得并行程序的开发比以往更难。

（3）海量数据的挖掘技术：云计算面对的是 TB 乃至 PB 级的海量数据，能否从数据中获取有效的信息，这将是决定云计算应用成败的关键。

（4）云安全技术：将原本保存在本地、为自己所掌控的数据交给一个外部的云计算服务中心，这样的改变并不容易。网络技术的发展，使得带宽并不会成为主要障碍，安全性才是最需要考虑的因素。

7.1.3 云计算的体系结构

云计算指的是一种新型的计算资源的利用模式，它把大量分散的各类计算、存储等资源虚拟化为资源池，使得应用系统能够根据自身需求获得相应的存储空间、计算能力及其他信息服务。按照服务实现的程度，云计算主要有 IaaS、PaaS、SaaS 三种服务模式。云计算体系结构如图 7-2 所示。

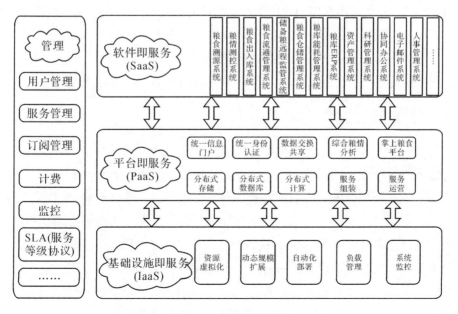

图 7-2 云计算体系结构

（1）基础架构即服务（Infrastructure as a Service，IaaS）

IaaS层是三层架构的最底层，以服务的模式提供虚拟硬件资源（服务器、存储和网络硬件以及相关软件）。IaaS主要提供计算资源、存储资源服务，例如可以为应用系统分配逻辑独立的虚拟服务器、存储空间，可以按需提供应用系统、数据库等软件运行环境。无论是SaaS提供商、PaaS提供商还是最终用户都可以不需要任何成本就能从基础设施服务中获取应用需要的计算能力，这里的成本是指对支持上述计算能力的IT软件及硬件的原始投资成本。

（2）平台即服务（Platform as a Service，PaaS）

PaaS层主要提供应用开发、测试和运行的平台，PaaS把基础架构资源变成平台服务提供给用户，用户通过该平台可以进行软件设计、应用开发、应用托管和测试等，并把这些合起来作为一种服务提供给客户。目前，PaaS主要基于SOA（Service-Oriented Architecture）思想构建，它能够有效地复用和组织各类服务构件，用户可以在不购置软件的情况下，仅利用PaaS平台就可以完成创建、测试以及部署应用和服务的操作。

（3）软件即服务（Software as a Service，SaaS）

SaaS把应用程序的功能以服务的方式提供给云中用户。SaaS是一种新的软件提供和应用方式，用户无需将软件安装在自己的电脑或服务器上，直接按照某种服务协议通过网络从云中获取自己所需的、带有相应的软件功能的服务。从本质上来说，软件服务就是指软件服务提供商为了满足用户的某种特定的需求从而提供给用户消费的计算能力。典型的应用模式就是通过Web浏览器来使用网络上的软件，如电子邮件系统的在线软件服务，用户不必购买和安装软件，直接应用即可。

7.2 粮食云数据中心

粮食信息资源的开发、利用、共享，是构建智慧粮食的根本任务，为了提高信息资源服务的质量，构建粮食云数据中心，便于用户快速、有效地使用数据，对采集交换至中心的数据提供统一的数据转换、清洗、比对、关联、整合等管理，构建纵贯基础设施服务、平台服务和应用服务的安全防护体系，以及集中的容灾备份机制，灵活的信息资源更新机制等，从而保证数据资源的安全并提供高效的服务质量。

数据共享内容可以分为基础信息、交换信息、主题信息、决策支持信息、政务业务公开信息等。这些信息都是在跨部门主题应用建设过程中，由平台统一采集交换逐渐沉淀在中心，并由中心负责数据管理，以及多维度的数据挖掘分析，为部门提供批量数据交换、共享信息目录导航、共享信息查询等数据共享服务。

数据中心建设以 IT 软硬件为基础，以网络链路为纽带，将各相关单位连接起来，对各级单位的数据资源进行整合存储、共享分发、挖掘分析以及安全备份，为应用层的相关业务提供数据支持；建设运维监控管理平台，实时监视各类资源的运行情况，保障各种资源的正常运行；建设统一标准化体系，采用统一标准接口，以模块化方式研发具体业务模块，使现有业务能够持续正常运行，同时易于后期新业务的扩展接入，便于管理，统筹安排，提高效率；建立整套安全保障体系，保障数据信息安全，包括终端用户安全管理、物理链路的冗余安全、网络边界的防攻击安全以及信息层面上的加密安全等。

粮食云数据中心可以划分为基础层、数据层、应用层和服务层，以运维管理体系、安全保障体系、标准化体系为支撑，提供数据查询、运算、交换、存储、网络传输等服务，具备软件运行、数据存储交换、系统管理和运行维护、安全防护和容灾备份等功能，支持粮食流通管理数据中心与粮食生产流通、宏观调控、产业发展、粮政管理，以及其他信息资源库相互间的数据交互利用。通过信息化建设平台，粮食流通管理数据中心向职能部门、业务应用部门提供按需数据服务，可实现服务封装、注册、发布、组合、集成管理。

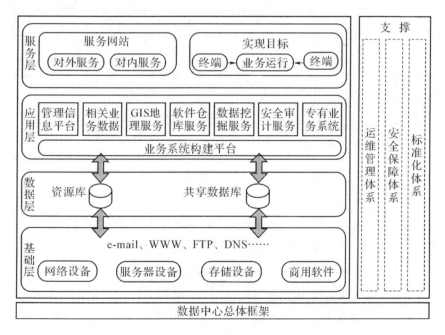

图 7-3　粮食数据中心总体架构

7.2.1 粮食云计算

从实践的角度来看,云计算模式的应用为各类信息资源的共享、学习以及协作等创造了一个新的环境,同时也给粮食信息化创造了一个更为广阔的空间。近年来,随着国内云计算模式的迅速发展和普及,智慧粮食的相关信息化处理也可以转移到以粮食云数据中心为核心的云系统当中。运用云计算,不仅可以给各种类型用户提供相关的云计算服务,还可以让他们能够自主选择网络服务的形式,从而可以有效地对粮食存储和流通过程进行资源优化和动态管控。图7-4给出了基于粮食云数据中心的云计算应用框架。

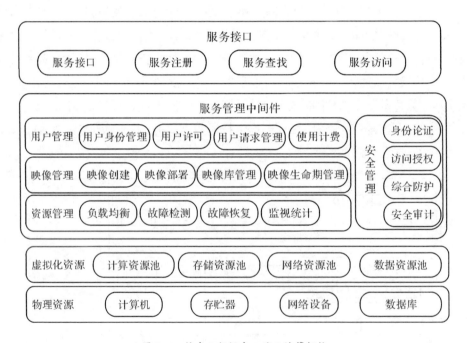

图7-4 粮食云数据中心的云计算架构

(1)按需自助服务(On Demand Self-Service)。用户可以按需方便地获得权限内的各种资源和服务,如资源下载、信息查询、智能提醒等。

(2)泛在的网络访问(Broad Network Access)。泛在网络包括M2M(Machine To Machine)、传感器网络、近程通信和RFID网络等,在智慧粮食系统中,对这些不同类型的网络接入不限于客户端的类型,采用统一的身份认证平台和标准认证机制来获取服务。

（3）动态资源池技术（Resource Pooling）。通过分布式和虚拟化技术,将分离的服务器、存储设备等构建为资源池,实现分布式存储和计算,实现资源的灵活配置和高度共享。

（4）快速可伸缩性（Rapid Elasticity）。在粮食云计算平台中,其 PaaS 层基于 SOA 架构设计和实现,可快速构建和部署新的应用系统。

云计算技术在智慧粮食建设中的应用,主要是应用虚拟化服务平台架构以及虚拟化技术（硬件集群）存储架构,用以整合并优化网上应用系统网络、服务管理及数据,还可以使智慧粮食建设的可靠性、安全性和利用率得到很大的提升。在智慧粮食中,虚拟化技术的应用主要包括硬件的虚拟化和应用的虚拟化。

硬件的虚拟化：是指在目前主流的虚拟化技术基础之上,由虚拟化资源以及物理资源组成,其中不仅包括这个平台硬件所需要的一系列的基本配套设施,还包括网络资源、存储和计算。平台的设施应当通过模块化、虚拟化等相关技术,实现按需应用,构建绿色数据中心。

应用的虚拟化：云计算平台早期主要是解决客户端的计算机中存在的应用程序的一系列部署问题,但是后来随着处于数据中心的服务器的数量增加,使得该技术在服务器端的应用程序自动化部署当中也发挥着重要作用。此外,可以根据最终的用户相关需要,云平台还能够同时提供在 Windows 以及 Linux 的虚拟化环境的基础之上,经服务门户中的相关应用程序的模板功能把应用软件定制修改成相应的应用软件的模板,进行相应的模板间的各种组合,使用户拥有一台专属自己的虚拟机。当使用者登录自己的虚拟机以后,映入眼帘的是已经事先设定好的所需要用到的各类软件,不需要进行安装,直接就可以使用。这为未来粮食信息化系统的部署、更新及应用提供了高效的支持。

云计算技术可以给智慧粮食带来全新的服务器存储系统的架构,主要通过虚拟化的方式对服务器的存储系统进行整合,把各类数据资源全部融合到一个资源池当中,打破了传统的"服务器与应用程序一对一"的架构,使得调配不同的、多种应用系统的存储架构的需求方式更加多变灵活,从而使数据资源的存储管理效率和利用率得以提高。

7.2.2 粮食云存储

数据存储技术需要解决的几个主要问题是：存储容量、存储速度、数据管理、数据的安全性及扩展性。随着计算机技术的发展,数据量越来越大,相应的数据存储容量也越来越大，P级存储已屡见不鲜。存储速度指数据的存取速度，主要与连接方式、存储介质有关。大容量的数据管理非常重要，好的存储技术的前提是数据存储易于管理。数据的安全性是数据存储技术需要解决的根本问题，包括防止数据被破坏、防止非法用户访问、病毒感染等，主要通过容灾、备份、访问控制等技术实现数据的安全性。数据的存储规模一般不是一开始就确定的，而是随着时间的推移不断增长的，尤其是在数据的存储容量增长飞快的信息时代，所有的数据存储要易于扩展以应对快速增长的数据量存储。

数据存储根据服务器的类型可以分为开放系统的存储以及封闭系统的存储。封闭系统指的主要是大型机，不对外开放，自己独立地运行。而开放系统指的一般是基于包括Mac OS、Windows、Linux等一系列操作系统的小型工作站，不同的工作站点间通过网络连接起来，协同合作实现复杂的计算。开放系统的存储分为内置存储和外挂存储。内置存储是指固化在硬件设备上的存储。外挂存储是指通过总线连接到服务器的存储方式。外挂存储根据连接方式的不同在开放系统下又可以分为网络化存储（Fabric-Attached Storage，FAS）和直连式存储（Direct-Attached Storage，DAS）。网络化存储又可以根据传输协议分为存储区域网络（Storage Area Network，SAN）和网络附加存储（Network-Attached Storage，NAS）。直连式存储往往是通过SCSI（Small Computer System Interface）连接，网络化存储通过网线连接。

SAN是一种快速的专用子网，子网内部使用光纤的集线器、交换机、路由器等网络连接设备，把磁带、磁盘阵列等一系列存储设备以及相关联的服务器互连起来。SAN是一种块级的网络存储模式。存储区域网络根据连接的方式分为光纤通道（Fiber Channel，FC）SAN和IP SAN。FC SAN以光纤通道作为传输介质，克服了传统上与小型计算机系统接口（Small Computer System Interface，SCSI）连接起来的线缆限制，使服务器和存储之间的距离有了很大的拓展，从而使得相互连接起来的可能性变得更大。FC SAN的传输距离通常不超过50公里，但是这对于局域网来讲已经足够了。IP SAN技术是指可以把SAN的存储网络架构在传统的IP以太网之上，使用IP以太网把存储设备和服务器互连起来的一种SAN的存储技术。其中IP-SAN技术所选用的存储方式是集中式的，这样可以使得存储空间的利用率有很大的提高。

NAS是一种文件级的网络存储模式，它将存储设备作为存储系统的附加设备，通过网络连接到系统中。网络附加存储是一个相对于普通服务器只少了大量计算功能的专用文件服务器,因此它的功能很完备。它是一种可以把独立、分散的数据整合成集中化管理的、大型的数据中心,以便于对不同的主机以及不同的应用服务器进行相关访问的技术。NAS 结构如图 7-5 所示。NAS 拥有自己的文件系统,一般通过网络文件系统(Network File System,NFS)或通用因特网文件系统(Common Internet File System,CIFS)对外提供文件访问服务。NAS 可以为我们提供一个统一的存储接口,这样,所有的存储设备都可以连接到现有的网络中,其中网络拓扑的结构相同,因此 NAS 的共享性很好。NAS 不仅仅是作为存储设备,更多的是作为数据备份和恢复设备。

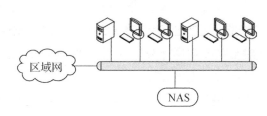

图 7-5 NAS 体系结构

NAS 的优点是跨平台性非常好,在不同平台上实现数据共享非常方便,但是 NAS 服务器位于客户端与存储设备中间,处于数据传输链路上,当服务的请求数激增时,位于中心的 NAS 服务器处理能力将成为整个存储系统的 I/O 瓶颈,存储性能的瓶颈是 NAS 未能在存储模式中独占鳌头的原因。相比而言,SAN 具有高容量、高可靠性、快速传输等优点,而 SAN 的缺陷是由于没有统一的存储系统接口,数据共享不方便,跨平台性较差。鉴于 NAS 和 SAN 的优缺点,对象存储技术综合了 NAS 和 SAN 两种存储结构的优势,同时具有了 NAS 的共享数据优势和 SAN 的快速直接访问优势。对象存储技术提供基于对象的访问接口,对象更接近于人们的自然生活,更容易被人接受。

数据存储技术未来发展的几大趋势如下:

1)存储虚拟化

云计算将推动存储技术的发展,存储虚拟化是目前以及未来存储技术的热点。虚拟化技术是通过抽象,将资源与物理设备解耦合,通过抽象整合,可以将不同的硬件设备组成一个整体逻辑设备以提供服务。存储虚拟化是通过将分散的抽象资源整合成单一的逻辑资源池,既方便了管理员管理,又整合了分散资源,整体上节约了存储成本。虚拟化过程中的抽象隐藏了存储资源的物理特性,解除了存储数据对存储设备的物理依赖关系,用户看到的是一个巨大容量的存储空间,用户只需要考虑自己的文件逻辑组织,不必考虑自己文件存储的物理位置,即存储在哪一块磁盘上。传统的数据存储,管理员管理的是物理设备,某个文件在哪个磁盘的哪个位置上，管理很复杂，而且随着数据量的增加，管理的复杂度直线上涨，而当面对超大文件存储时，只能选择超大的物理磁盘，造成很多小磁盘空间的剩余，而存储虚拟化的抽象整合，避免了存储资源的浪费，提高了存储设备的利用率。

2）存储更环保

环境问题是全世界第一大问题，存储更环保是未来存储的发展趋势之一。当走进数据存储机房时不难发现，所有存储设备的温度都高得惊人，所以存储机房一般都需要空调等散热设备帮助散热，消耗大量的电力资源。未来将对数据中心的设备进行优化，通过采用液体冷却装置、不间断电源系统和先进的电源变压器协同工作，提供更高的能耗效率，使存储在能耗、冷却和占用空间方面取得重大进步。

3）重复数据删除

重复数据删除（Deduplication），目的是删除不必要的、过多的重复数据，节约存储空间，降低存储成本。重复数据删除技术是通过删除集中重复的数据，在保证数据安全性和可靠性的基础上，只保留其中一个或几个备份，从而消除过多的冗余数据。同样的一个文件在整个计算机环境中可能以相同的名字存储了很多份，但内容完全相同。云计算的目的就是整合社会资源，将所有的数据存储在云端，同样的数据不必在所有的用户计算机都存储一份，而在整个云端，重复数据删除显得尤为重要。整个云系统只需要保存适当数量的备份即可以保证数据的可靠性，而且提高了存储的利用率。删除重复数据可以给存储系统"瘦身"，在节约存储成本的同时，降低了存储管理的复杂性，管理成本也随之下降。

4）存储智能化

人工智能广泛应用于人们的生产生活，各种产品都向着智能化的方向发展。人工智能一直是计算机技术的发展方向，对于存储系统来说，存储智能化意味着更多的工作由计算机自动完成，减少了人的干预。存储智能化的实现是分层次的，不同级别依次实现智能化，从而实现整个存储系统的智能化。存储系统的分层从下往上是磁盘、磁盘阵列、文件系统、应用系统、存储系统。智能化的过程是系统根据一些运行状态信息，自动地进行处理，而这些状态信息的获取需要监控设备。比如磁盘智能化是通过在每个硬盘上安装处理器，使其具有一定的智能；在每个驱动器上安装各种传感器及监控软件等，用于感知和监控驱动器的状态。在工作过程中，硬盘可监测自身的状态，当出现故障时及时发出警告。在整个运行过程中系统是不会中断的，因此系统具有很高的可用性和可维护性。

存储智能化比较有代表性的功能是自动精简配置和自动分层存储。自动精简配置是按需分配、动态分配。与采用最大预留空间相比,大大节约了存储资源,提升了存储空间的利用率。自动分层存储是系统根据数据的访问次数、数据块的大小自动地进行分层存储,分层存储可以节约数据的查询时间,方便管理数据。目前存储的智能化程度还远远不够,存储智能化还有很大的发展空间。因此,存储智能化是数据存储技术的另一大趋势。

7.3 粮食云的应用

7.3.1 应用需求

(1) 机房中各种应用环境的部署及更新

为满足粮库、运输单位等各种类型用户的不同任务需求,需在机房内安装及部署软件应用环境和多操作系统,管理员需要耗费大量的时间和精力,才能满足上述需要;与此同时,一些临时性的杀毒软件的升级、系统补丁的更新、软件的变更等一系列机房的维护工作,也给管理员增添了很大的工作量。

(2) 机房硬件配置不统一

随着机房设备的不断更新,就会有着新旧多种不同的 IT 设施配置出现在同一个机房中的现象,但是在各异的配置间通常都需要进行统一的管理及维护,这就导致传统网络的传统方案在使用过程中达到的效果不尽如人意,而且非常繁琐。

(3) 软件终端授权问题

大多数的专业软件中对每一个终端都有绑定、激活的操作,正式版的软件都要逐台的对终端进行注册和激活操作,这个过程不仅操作繁琐,而且软件购置的成本较高,但是破解版的软件又存在安全漏洞及法律风险。

(4) 网络平台拥挤,风险防范能力低

网络内的 ARP 攻击、部分人员的恶意下载、访问不良网站等情况,导致中心网络不稳定,各项粮食应用及管理工作正常开展受到影响。

(5) 人员信息化水平参差不齐

智慧粮食信息化系统涉及多种不同单位和不同类型的操作使用人员,存在信息化水平高低不平的现实情况,有些单位存在着 IT 设施软硬件维护管理的难题。

基于云数据中心的云终端应用部署如图 7-6 所示。

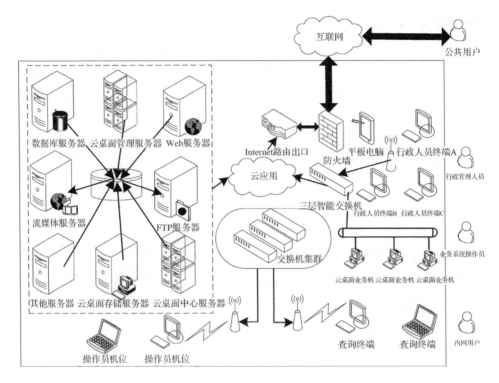

图 7-6 云终端应用部署示意图

7.3.2 应用价值

1) 云计算技术应用对智慧粮食建设的意义

(1) 规模化、集约化、专业化的云计算中心具有明显的经济和效率优势

粮食系统信息化建设面临着众多"烟囱"式的数据中心的现实,这是各单位独立建设服务于本单位用户的信息系统,它存在重复建设、管理开销大、资源利用率低、信息共享困难等问题。统一规划、合理布局,建立智慧粮食统一的云计算中心具有明显的规模和经济优势。

对用户来说,逻辑上的云计算中心只有一个,但具体实现时,云计算中心完全可能分布在多个物理地点。在同一个物理地点,由于通过软件方式实现动态的资源调度和负载均衡,因而可以使用大量廉价的 PC 和服务器来实现。这些数量庞大的服务器和 PC 机如果发生损坏,可以被及时发现和替换,计算任务可以自动转移。因此,规模化、集约化、专业化的云计算中心具有天然的高可靠性、高可扩展性和抗摧毁性,非常适合智慧粮食系统的信息化建设应用。

（2）云计算为传感网、粮食智能终端设备等瘦客户端设备提供强大的技术支持

粮食物联网是智慧粮食的另一个关键支撑，其包含各类传感网和智能终端设备，它们在粮食流通全过程中采集信息，通过网络传输和交换信息，以及后台强大的计算设施处理信息，然后再对粮食的存储、运输、流通、加工等过程发出反馈或控制信息。这些设备一般计算能力和存储空间有限，功耗小，属于典型的瘦客户端设备，对云计算有着天然的需求。云计算有强大的计算能力、接近无限的存储空间，并能支撑各种各样的软件和信息服务，能够为瘦客户端设备提供强大的计算能力支持。

（3）云计算环境中的软件开发表现为服务定制，可以从根本上解决软件危机问题

大型粮食软件开发和升级中普遍存在费用高、开发过程不易控制、工作量估计困难、软件质量低、软件项目失败率高、无法判断大型系统能否正常工作以及软件维护任务重等现象。采用软件工程的理论和方法可以产生一定的效果，但上述问题并没有得到根本解决。云计算环境中的软件功能以服务的方式提供，按需开发，随需应变，在线更新。软件开发更多地表现为服务发现、服务组合和服务验证的过程。利用服务的可重用和标准化接口，可以极大地提高软件开发的效率和所开发软件的质量，从根本上解决上述"软件危机"问题。

2）云桌面技术在智慧粮食建设中的应用价值

（1）提高设备利用率

云桌面采用的方案是应用虚拟化方案，这个方案对网络带宽的要求较低，能够保留机房中的百兆交换机等一系列设备，不需要升级网络，可以在很大程度上对网络设备的利用率加以优化。云桌面技术能够支持异构IT设施的统一管理，能够把异构的各类IT设施集中起来加以利用，从而提高设备利用效率，能够将现有的服务器作为云桌面服务器使用，将现有服务器的最大潜能发挥出来。

（2）提高管理效率

可以对粮食系统的办公云桌面进行集中统一的管理和维护工作，软件和补丁的升级更新等只需在云中心完成，然后执行增量升级，所有的云桌面就能够使用更新之后的软件和补丁。其中软件可以随时随地安装且不影响操作终端的业务开展。能够快速制定出具有针对性的粮食业务运行环境，解决兼容性问题和软件冲突以提高业务运维保障能力。

（3）保证业务持续性

云桌面技术不会因为设备和网络故障中断粮食业务开展过程，即当遇见服务器出现故障或网络异常断开的情况时，管理和操作人员仍然可以在云桌面上继续进行工作，不会因为这种情况而中断，进而确保业务开展过程的持续性。

（4）更高的数据和网络安全

在云桌面关闭后，由于所有软件都保存在服务器上，所以状态会自动进行恢复，这样确保了数据的安全性和稳定性。

（5）减少投资

针对粮食系统后续增加的 PC 机，只需要按需采购云终端即可。PC 机平均更换周期为 3～5 年，而云终端如无人为损坏，工作时间平均为 10 年左右；另外，服务器的使用寿命也远高于 PC 机。

8 智慧粮食与物联网

物联网技术是智慧粮食的重要组成部分,应用于粮食仓储领域,可实现保管的动态监测;应用于粮食运输领域,可实现粮食运输的合理化;应用于粮食装卸搬运领域,可实现粮食物流的无缝化连接;应用于粮食配送领域,可实现配送的精确化管理等。将物联网技术应用于粮食信息化建设中,提出和建设粮食物联网,将为政府进行粮食调控、保障粮食安全提供强有力的技术支撑,将有效地提高粮食信息化水平。

8.1 物联网技术在智慧粮食中的应用

将物联网技术应用到粮食信息化建设中,构建先进的粮食物联网,是智慧粮食建设的重要步骤和基础。粮食物联网是一个庞大的系统工程,主要包括粮食仓储物联网、粮食物流物联网、粮食监控物联网和粮食溯源物联网等,是优化粮食产业链、提升粮食信息化智慧水平的重要步骤。基于粮食物联网的智慧粮食信息系统,可以为生产者、经营者、政府等各层面的用户提供定制化的智慧服务。

对生产者来说,将粮食物联网应用于大田种植时,可以通过物联网技术控制田间浇水施肥、控制农药剂量、进行病虫害检测等,并将信息写入 RFID 芯片,供下一节点使用。同时,通过温度、湿度、水质、空气成分、土壤成分等传感器采集数据,系统实时对采集的数据进行更新和分析,通过电脑或手机就能实时了解粮食的生长和健康状况,判断粮食的成熟时间,合理收割,从而提高粮食的质量,降低农民凭经验种植带来的风险。再者,生产者可通过由粮食物联网络采集和感知的各类数据,获得相关的供求与流通等智慧服务,改变生产者在粮食领域中获取信息难的现象,从而可以合理安排生产规模和种植品种,最终能够提高种粮收益,缓解粮食物流中不同品种粮源波动性的问题。

对经营者来说,作为粮食物流体系中的关键主体,它们是基于粮食物联网的智慧服务的重要一环,其影响将直接关系企业的管理和效益。企业可以通过粮食物联网实现动态信息共享,随时掌握粮食供应链中完整、全面、实时的信息,有效协调粮食相关产业,如仓储、运输类等企业间的一体联动,减少供应链上的无效环节,降低相关经营者的运作成本。

对政府来说,基于粮食物联网的智慧服务可以切实提高粮食安全保障能力及水平,具体表现在三个方面:①建立基于各大粮食仓储单位的一体化粮食物联网,可实现粮食数量和质量等信息的融合,政府能更加真实可靠地掌握粮食储备情况,粮食调拨工作将更加合理准确,同时也大大降低了粮库普查带来的人力、财力和物力的消耗;②通过基于传感器和智能终端的自动化数据采集和监控,实时掌握仓储、加工及销售点的粮食进、出数据,通过数据挖掘分析可以分析和预测粮食的供需态势,有利于提高粮食保障的安全水平;③基于粮食物联网可以全面分析粮食物流的流量、流向等信息,为国家进行粮食基础设施建设投资提供依据,提高政府粮食物流投资效益。

与物联网类似,粮食物联网的体系结构如图 8-1 所示,可以分为数据获取层、数据传输层、数据处理层和数据应用层。

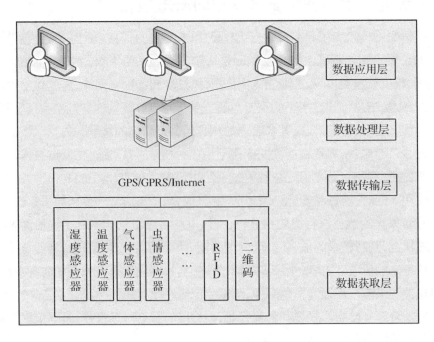

图 8-1 粮食物联网体系结构

(1)数据获取层:利用射频识别、传感器、二维码等技术全面获取相关信息。在相关区域和场合设置传感器节点和智能终端,实现对粮食仓储、加工、物流等各种数据的有效、实时、动态采集,采集的数据经过数据传输和数据处理,最终为智慧粮食提供各种数据应用服务。

(2)数据传输层:实现感知数据和控制信息的双向传递,数据传输层主要通过专线链路、互联网、卫星通信、移动通信等各种网络通信手段,将数据获取层和数据处理层高效地结合起来,其核心目标是实现数据高效、可靠、安全的双向传输。

(3)数据处理层:是获取到的各类基础数据的传输终点和处理中心,完成各类数据的处理,为数据应用层的各类应用需求提供参考依据和决策依据。智慧粮食可以建设基于云计算技术的数据中心,通过分布式计算等方式为用户智慧粮食应用提供可靠、高效和低成本的数据处理手段,并能够为大数据分析提供数据支撑。

(4)数据应用层:数据应用层是物联网在粮食领域的具体应用,包括在库粮食的定位与感知、粮情测控、粮食质量安全溯源等多种贴近用户需求的智慧应用服务,并且具有很强的扩展灵活性,从而能够适应新增的业务应用需求。

8.2 粮食仓储物联网

我国粮食储藏必须坚持可持续发展的战略,走"绿色储粮""生态储粮"之路,粮食储藏的基本出发点是根据粮堆生态学原理,如粮堆内生物因子、非生物因子互相作用的科学规律等,装备针对性的技术设备,采取合理的管理措施,分析和利用相应的生态条件,自动控制仓储环境和条件,防止粮食品质劣化,降低储藏成本,改善储粮安全,实现储粮控制的自动化、智能化,提高科学储粮水平。

粮食仓储物联网的系统组成及各系统之间的关系如图8-2所示,主要包括粮情测控系统、粮情分析专家系统、粮情处理自动控制系统等。

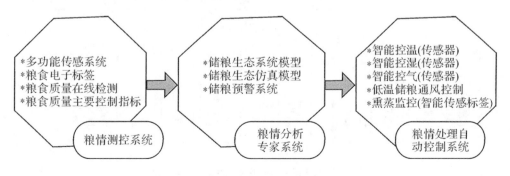

图8-2 粮食仓储物联网的系统组成

8.2.1 粮情测控系统

由于粮食在储藏过程中会受环境因素,如温度、湿度、气体、微生物等多种因素的影响,从而造成粮食品质下降,因此,必须采用先进的传感器和智能终端技术,对粮食储藏过程中的各种相关参数进行实时监测、分析、控制和管理,从而提高粮食储存品质。

目前大部分粮库应用的粮情检测系统都存在功能单一的问题,大部分在用的粮情检测系统仅能测定温度、湿度,缺少对粮食水分、气体和真菌等因素的监测,更缺乏对粮食储存系统相关因素的控制功能,系统兼容性和扩展性尚待进一步提高。因此,智慧粮食信息化系统建设中应部署新型粮情测控系统,其特征是多种传感器的综合集成和智能化、粮情测控标准化、数据检测全面化、数据分析智能化、数据传输无线化和载波化、粮情控制自动化、操作运用简便化,从而为智慧粮食信息化系统建设提供可靠的底层支撑。

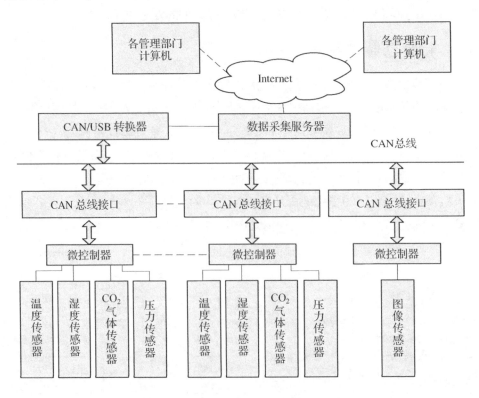

图 8-3 基于多功能传感系统的粮情测控系统

1）传感器信息融合

传感器是粮情测控的基础,传感器数量和种类偏少时显然仅能获得粮情监测对象的局部或部分信息,因此必须采用多传感器进行信息采集。将集成的多传感器信息从多信息视角进行综合处理即为传感器信息融合,经过传感器信息融合后可以完整、准确地反映粮情监测对象的基本特征。

2）粮食电子标签

粮食领域数据采集存在多头统计、数字更新不及时、不准确等现象,而这些数据又是粮食在运输、储存、装卸、包装、流通、加工、配送等各环节实现科学管理的基础。因此,必须采用粮食电子标签技术,在仓储领域即实现数据的完整采集和管理,进而实现整个粮食供应链数据管理中的信息共享。

3）粮食质量在线检测

粮食储藏的目标是控制粮食品质变化,若要最大限度地减少粮食储存损失,必须实现粮食质量的在线实时监测,其关键部分是粮食质量在线取样、快速取样以及快速检测。同时,科学地制定储粮品质的判定规则及控制指标,建立真正的粮食品质分级制度也是粮食品质监控需要考虑的问题。只有将储粮品质监控工作做好,才能保证流向市场的粮食新鲜、安全、有营养。

8.2.2 粮情分析专家系统

粮食物联网迫切需要根据储粮品质与环境因子的相互关系,以及物质能量流动的规律,系统地建立温度、湿度、气体成分等物理因子与粮食储藏品质的模型;系统地建立不同粮食组成的化学成分因子对粮食储藏品质的影响模型;系统地建立粮食微生物、害虫、有机杂质等生物因子对粮食储藏品质影响的模型。粮情分析专家系统应能够选择对控制储粮质量有利的环境因子,提出以控制生态因子为主的综合生态防治技术,从而可以提高粮食保管的工作效率,提高储粮管理决策的准确性,提高粮情分析控制的速度和精度,降低储粮保管的工作难度。

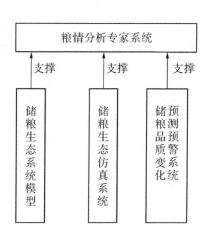

图8-4 粮情分析专家系统结构

1）储粮生态系统模型

储粮生态系统基本模型主要包括生态区域模块、粮堆模块、粮食储藏期品质变化的预测预警模块、粮食社会学和经济学模块、环境生态模块。储粮生态系统模型研究进展迅速,目前已经建立了模拟害虫种群动态的计算机模型、模拟微生物种群动态的模型、模拟螨类种群动态的模型、模拟昆虫种群动态的模型等。

2）储粮生态仿真系统

目前,随着计算机技术的不断发展,仿真技术已成为研究各种复杂系统的重要工具和手段,尤其是在生态环境上的应用已成为研究的热点之一,仿真研究将逐渐成为对传统储粮研究的重要辅助手段。

储粮生态仿真系统的建立就是尽可能真实地把储粮环境移植到实验室中,使用计算机对其发展变化进行模拟仿真,使人们能更好地了解储粮的发展变化。其具体内容是根据不同储粮生态区域条件、环境因素对储粮品质的影响通过计算机的仿真,建立起粮食储藏中能量传递、质量传递的数学模型,并在计算机系统上进行各种模拟、试验和分析,以便描述在不同的生态储粮条件下的动态变化规律和运动轨迹。

我国气候复杂,地域面积广,各种生态自然环境相差较大,建立生态储粮仿真系统是粮食储藏发展的必然方向。目前,国内外对储粮进行的计算机仿真所使用的数学模型都不是根据储粮生态的动态变化规律而推导出来的数理方程,它们并不能精确地对储粮生态系统进行描述。因此,当前迫切需要建立一个反映我国生态条件、粮食品种和特殊需求的储粮生态仿真系统模型。储粮生态仿真系统主模型如图8-5所示。

3）储粮品质变化预测预警系统

储粮品质变化预测预警系统通过对基础数据的采集、处理和分析,针对小麦、稻谷、玉米、豆类等不同粮种、不同生态条件的粮食储藏期品质变化进行预测预警。

※ 8 智慧粮食与物联网

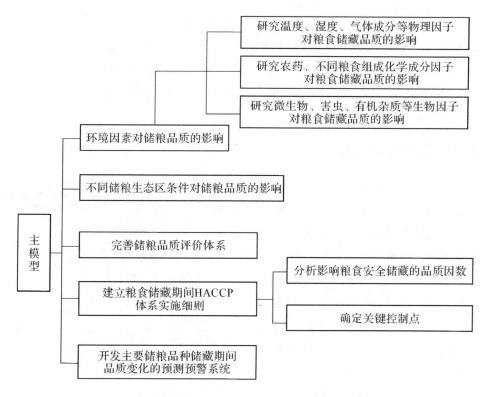

图8-5 储粮生态仿真系统主模型

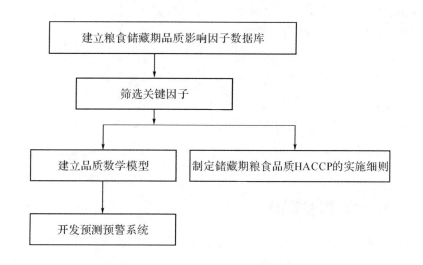

图8-6 储粮品质变化预测预警系统

建立储粮品质变化预测预警系统，首先应建立粮食储藏期品质影响因子数据库，这项工作是正确预测和预警的基础。通过设置和筛选关键因子，建立切实可行的粮食品质影响因子数据库，这是该系统的关键，也是技术难点。最后，通过数据分析和挖掘可以开发出预测预警系统，为管理人员实时、动态掌握储粮品质提供可靠的技术手段。

8.2.3 粮仓自动控制系统

粮仓自动控制系统包括粮情处理控制系统和粮食出入库控制系统等。粮情处理控制系统主要包括基于粮情测控系统和粮情分析专家系统进行的智能控温、智能控湿和智能控气等。性能优良的粮仓自动控制系统将极大地降低仓储单位的管理成本，同时有助于提高仓储粮食的品质。

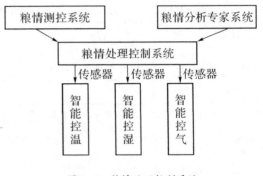

图 8-7 粮情处理控制系统

粮食出入库控制系统通过传感器控制粮食输送、清理、称重设备，粮食采样器及各种闸阀门等。控制系统将按选定的流程对上述设备进行顺序的远程启动、停止操作，同时还将监测设备的运行状态、设备正常运行状态及报警信息反映在上述监控设备上，为管理人员提供了控制手段。

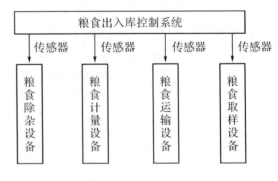

图 8-8 粮食出入库控制系统

8.3 粮食物流物联网

将物联网技术应用到粮食物流体系中，其目标是实现粮食物流的快速和准确。具体技术手段是通过在粮食物流车辆、包装之间采用 RFID、GPS 定位等物联网技术，实现对整个物流环节的全过程实时掌握，包括粮食品种信息、质量信息、数量信息、从哪里来、到哪里去、运输的路线等等，大大提高了物流的效率与准确率。同时,基于统一的标识,粮食物流体系还可以和粮食的生产、库存情况进行联动,对粮食的销售、存放条件都可以进行实时感知,使得物流决策更加科学合理。

8.3.1 粮食物流中 EPC 信息内容

对于粮食物联网而言,RFID 标签由天线和芯片组成,并且每个标签具有唯一的产品电子代码 EPC。该产品电子码是为每个实体对象分配唯一的可查询的标识码,其内含的一串数字可代表粮食信息的种类和生产商、生产日期和地点、有效期、应运往何地等信息。这些信息可以分为固定信息和可变信息,固定信息大部分是与粮食交易项目相关联的信息,包括确定该粮食交易项目的基本特征信息(如粮食的名称、包装规格等)和相关的管理信息(如粮食的产地名称、价格、粮食产品管理分类等);可变信息是粮食交易项目随具体环境不同而变化的信息(如粮食的保质期、批号、毛重、皮重、水分、容重、杂质、不完善粒、矿物质含量等)。

当粮食在完成了某一道工序后,应贴上基于 EPC 标识的 RFID,此后,在其整个生命周期内,该 EPC 代码即为唯一标识。基于此唯一的 EPC 编码能实时查询和更新粮食相关信息,也能据此信息,在粮食运输、储存和加工等各环节进行定位和追踪。

8.3.2 粮食物流物联网体系架构

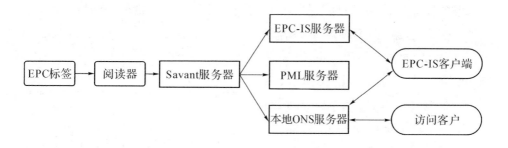

图 8-9 粮食物流物联网架构

粮食物流物联网由射频识别系统、EPC、Savant 中间件服务器、PML 服务器等核心部件组成,EPC 标签是电子产品代码的含义,Savant 则是每一个 EPC 系统获取信息、处理信息和传输信息的核心部分,是一种信息处理中间件,PML 则是实体标记语言,它由 XML 发展而来,提供描述物体和环境的语法标准。

粮食物流的第一步是粮食收购，在粮食正式入库前应对产品进行质量检验，针对物联网的关键是在粮食产品中加载 EPC（电子产品代码）代码射频标签，该标签中包括粮食检验结果等各种信息。粮食入库后，通过粮食仓储物联网技术，实时监控粮食存储过程中，仓库内的温度、湿度和气体浓度，并将阅读器接收到的 EPC 信息传输到本地 Savant 服务器中，同时传送到粮食监控系统中心，系统实现粮仓内环境的自动调节。粮食出库时，阅读器将收集的产品 EPC 信息传递给 Savant 系统，将 RFID Reader 识别的信息记录到本地 EPC 信息服务器（EPC-IS），EPC-IS 将这些信息与入库检验、存储监控时的粮食信息相匹配，随后按照 PML 规格形成新的 PML 文件并存入 PML 服务器。粮食运输时，车辆上安装的 RFID 标签中包含车牌号、线路、粮食信息等，实时记录货物运输信息和 GIS 信息，实现运输全程实时动态监控。到达加工企业后，RFID Reader 读取 EPC 标签，本地 Savant 系统将识读到的粮食 EPC 编码传送给本地服务器，本地服务器通过网络与远程 PML 服务器通讯，获取相关信息。粮食到达销售点后，当客户取走货架上的粮食并最终付款时，货架上的 RFID Reader 会通过粮食包装上的 EPC，辨认出该粮食的信息，不需要开包验收，能提高物流作业效率，还能够保证各环节能够实时地了解到粮食产品库存的详细情况。

8.3.3 粮食物流物联网跟踪过程

粮食物流具体跟踪过程见图 8-10 所示，可分为六个部分，包括粮食入库、存储、出库、运输、加工以及销售信息跟踪。粮食物联网的整个过程是以 Savant 系统作支撑，通过在托盘、货架、车辆、仓库内部、出入库口、搬运器械、物流关卡等处安装 RFID Reader，能够实现自动化的入库、出库、盘点，以及物流交接环节中的 RFID 信息采集，通过 RFID 技术与物流设备、设施的结合，实现粮食物流的透明化、信息化和自动化管理。

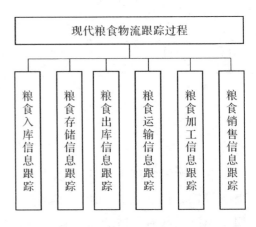

图 8-10 现代粮食物流跟踪过程

8.4 粮食监控物联网

物联网用于国家粮食监管可以大大降低其管理难度,可以节省国家在粮食监管方面的人力和物力,可实时评估粮食质量,估计粮食产量,记录粮食运转情况(原产地、运送地、用途以及运输环境等)等。首先,监控物联网可作为粮库业务的地理信息化管理解决方案,能够在监管中心的屏幕上直接反映中央、地方粮库的建设规模、资金到位、分布地点等粮库建设信息,以利于国家监控各个粮库的状况。其次,物联网可以感知、记录仓库环境的改变,如温度、湿度、通风状况等,并向仓库管理人员预警不良环境可能造成的粮食仓储问题,以便管理人员及时做好相应对策。再次,物联网可记录粮食产地、生产年份、仓库粮食容量、粮食进出库数据以及粮食质量状况等信息。最后,监控物联网可核查仓库管理人员的工作,监控仓库基础设施以及设备的运行状态,并在基础设施损坏或设备运行不正常时向管理人员发出提示信息。

8.4.1 粮食监控物联网体系架构

在粮食监控体系中,数据采集主要通过物联网中的传感器网络进行,数据源往往距离粮情监测系统应用终端相对较远,因此存在布线等诸多挑战。随着物联网的应用与实践,传统的有线粮情监测系统已逐渐被无线系统所更新代替,克服了有线系统布线困难、易遭人为破坏、雷击容易出现故障等缺点。

多个无线传感器传输和交换信息,可以构建无线传感器网络,各传感器节点采集粮食信息后通过无线网络向上级节点传送信息,最终到达总目标节点。无线传感器网络是物联网领域的关键技术之一,具有低成本、低功耗、布放简单等特点,克服了有线粮情监测传感网络存在的安装成本高等不足,同时也符合当前国家节能减排的新要求。

基于无线传感器网络的粮食监控物联网可以划分为一个由感知层、网络层和应用层组成的三层体系架构。最底层为感知层,主要包括射频识别(RFID)标签和读写器、摄像头、M2M(Machine To Machine)设备等,感知层通过这些智能设备感知和识别粮情环境(如温度、湿度、气压、气体等)等各种信息并采集后上传至网络层;中间层是网络层,它包括各种通信网络,还包括物联网管理中心、信息中心、储粮粮情检测专家系统等;最上层为应用层,它包括数字粮食、粮情测控、数字粮库等各种智慧应用。在这个体系中,网络层是粮食物联网成为普遍服务的基础设施,重点要研究的内容是感知层数据采集过程中覆盖的全面、准确和实时,以及应用层中各种智慧应用的开发和拓展。

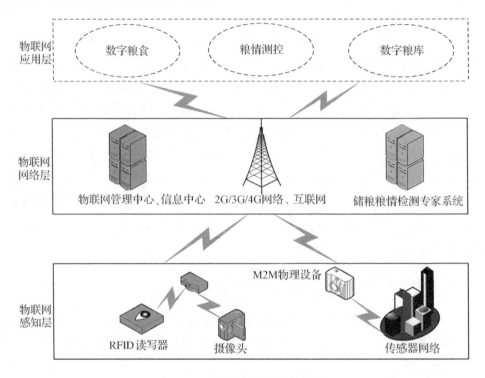

图 8-11 粮食监控物联网体系架构

8.4.2 粮食监控物联网系统功能

综合应用 RFID、WSN(无线传感网)等物联网关键技术,构建完善的粮食监控物联网,其主要功能有六个方面。

(1)粮食仓储环境自动感知和智能调节功能。在粮仓中部署和配置各类传感器,使其对粮仓温度、湿度、气体、虫害等各种信息进行感知采集,并能够对通风、温度、湿度等进行智能自动预警和调控,使得仓储环境调节更加科学智能。

(2)各类信息的实时智能储存功能。主要采用智能标签实现,除了能够储存粮食的产地、生产日期、种类、品质等信息,还能存储仓储的相关信息,这是实现定位跟踪、远程应用的前提。

(3)粮食信息的定位与跟踪。在智能标签中加入了生产和存储的各种相关信息,使得粮仓人员可以实现获取粮食种类、形质、所含水分等信息,从而提供更加有针对性的仓储方案,并在仓储过程中记录相关数据和粮食具体情况。

(4)各类信息通信功能。主要包括同库房与跨库房、跨区域间的粮仓粮情通信。通过这种功能,用户在查询某粮食样品时,可以与同类粮食样品进行通信,从而提供更多的关联信息。

(5)粮食仓储信息的远程利用。通过互联网、无线网络等手段,实现数据利用效果的最大化。

(6)基于可扩展性设计预留的扩展模块,以适应技术的进一步发展。

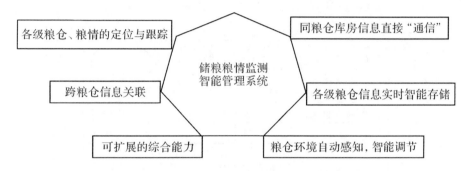

图 8-12 储粮粮情监测管理系统功能

8.5 粮食溯源物联网

近几年,消费者对粮食的关注已经上升到一个更高的层面——"食以安为先"。由于粮食生产与消费的日益分离,供给体系的复杂化以及生产、加工、运输、贮藏、包装、检测和卫生等各个环节众多,不安全因素贯穿始终,国内外粮食安全危机频繁发生,影响了人们的身体健康和社会的稳定。所以建设粮食安全信息平台,实现粮食供应链全过程安全管理,给粮食整个生产的各环节提供相关的产地、材料、加工、仓储、运输、配送和销售等方面的实时、全面与详尽的电子化信息,提高粮食生产管理能力、物流管理能力、质量监督能力以及可跟踪能力,已成为社会发展新的需求。

8.5.1 粮食溯源物联网管理过程

粮食溯源物联网是针对粮食供应链管理和质量安全的跟踪和追溯需求,利用物联网技术,参照 EPC 标准,建设基于物联网和服务架构的粮食安全信息平台模型,实现基于 Web 和智能手机终端等多种方式对详细粮食信息的追溯和查询,完成粮食从生产源头到最终消费者的监控。

1)流通过程

在粮食生产、加工、运输和销售等全生命周期中,粮食的属性、位置和品质等标识信息是实现粮食安全的基础信息。目前,在粮食体系中跨环节联系还非常脆弱,必须建立有效的粮食信息获取、管理与交换机制,才能实现粮食安全跟踪与追溯。解决方案是采用基于 EPC 表示的 RFID,在生产、加工、运输和销售的每一个环节都采集和添加信息,以备下一环节使用,形成环环相扣的信息链条。用户以 EPC 代码为索引,可以随时了解粮食的各种情况和信息。

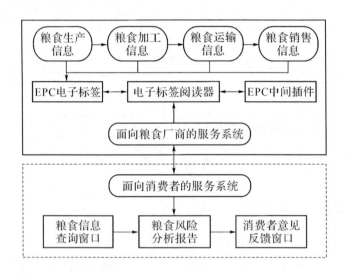

图 8-13 粮食供应链流通过程

2)用例模型

根据需求分析,采用 UML 对需求进行统一建模并绘制数据模型 E-R 图,具体如图 8-14 所示。

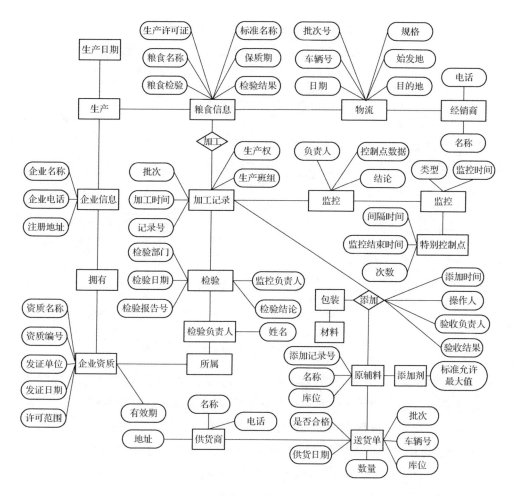

图 8-14 粮食溯源数据模型 E-R 图

8.5.2 粮食溯源物联网体系架构

1）物联网网络架构

粮食溯源物联网系统主要由用于溯源索引的 EPC 编码、存储 EPC 信息的电子标签、各类 RFID 读写器、Savant 网络软件、ONS 对象名解析服务、物理标记语言（Physical Mark-up Language，PML）等组成。

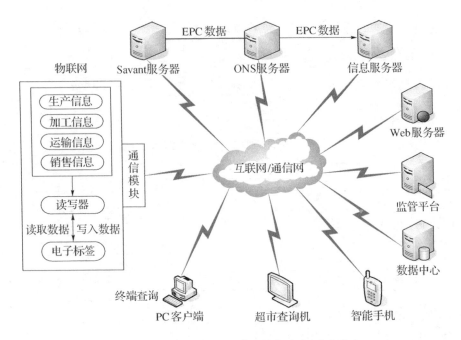

图 8-15 基于 EPC 的粮食溯源物联网网络架构

在粮食溯源物联网中，通过各类传感器和智能终端实时采集粮食粮情数据，完整记录各环节处理和操作信息。在各环节中通过读写器扫描 RFID 等标签，将读取数据上传至 Savant 服务器，Savant 分析过滤和处理信息后传输至 EPC 信息服务器，消费者通过手机或其他终端上的各类应用软件访问 EPC 服务器可以查询和获取到该粮食生产和物流等各种信息，实现粮食溯源。

2）技术框架体系

以服务体系结构（SOA）技术为架设平台，服务过程描述为：硬件层采用 RFID 读写器获取电子标签信息，通过 RS232/TCP IP 通信协议与接入层连接，并对众多的异构信息进行数据过滤、数据加密和格式转换，存储到数据层的数据库中；应用层通过 XML 文件传递给功能层的粮食供应链各环节过程跟踪管理系统，系统自动将业务单据与 RFID 业务事件进行匹配比较，核对并保持粮食物流和信息流的一致性，生成复杂 EPC 事件，上传到 EPC-IS 服务器，实现粮食的追溯和查询；功能层通过 Web Service 对应用层提供服务，对粮食安全进行数据挖掘、统计分析、预警分析和状态评估等，真正实现粮食安全追溯信息管理。

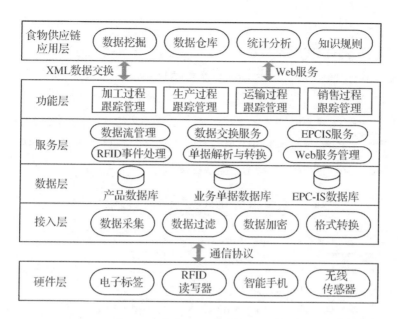

图 8-16 粮食溯源物联网技术框架

8.5.3 粮食溯源物联网信息系统

1）系统组成

粮食溯源物联网信息系统包括信息数据中心、信息监管平台和粮食安全信息应用系统等部分。其中,粮食安全信息应用系统是核心,它包括生产管理子系统、接口管理子系统、追溯查询子系统及预报预警子系统。

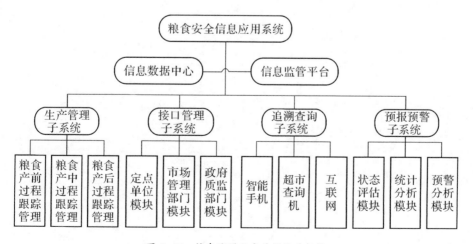

图 8-17 粮食溯源信息系统体系架构

通过该系统，用户或消费者可以通过手机、智能终端、互联网等多种方式，对粮食产品进行查询，通过 RFID 或二维码等，可以灵活、方便地查询产品在各个流通环节的相关信息，包括产地、生产日期和批次等信息。

2）终端结构

目前主流的粮食智能终端如图 8-18 所示，这是典型的嵌入式系统，其核心是 ARM 微处理器，外围接口包括 RFID 阅读器、扫描打印接口、键盘显示器等。另外还可以通过 3G 或 4G 通信芯片实现远程数据交换。

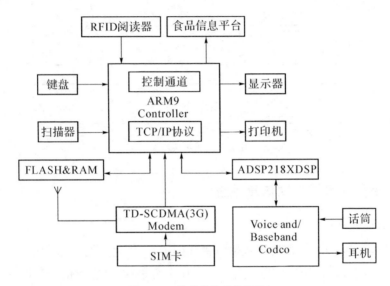

图 8-18　终端系统结构框图

9 智慧粮食信息系统

云服务与物联网技术在很大程度上能帮助解决粮食安全问题。粮食的生产情况、收购的品种与质量、储存的新鲜程度、调运的物流情况、销售时的市场物价等等都可以通过云服务与物联网技术把它联系起来,让大量的信息能够存储在云端运作,实现随时随地可感知、可查询、可利用、可管理的粮食宏观调控服务。在粮库智慧化建设中引入大数据技术,实现管理者对仓储、收购、运输等一系列数据的随时掌控,管理者和技术专家足不出户就可观测到粮仓里的实景及相关数据,准确判断粮仓的使用情况和粮食的存储情况,实现仓储的有效调度,还可以避免因市场供需失衡带来的经济损失,同时合理地控制粮仓的通风、降温等操作,也能避免因仓储环境因素造成的粮食质量下降。因此,传统的农业生产方式应向数据驱动的智慧化生产方式转变。

9.1 新一代粮食物联网

为进一步提升粮库智能化水平,实现粮库保障过程可视化实时监控,紧贴粮库业务功能要求的全时空可视掌控,综合运用无线传感器、二维条码、RFID、视频监控、北斗定位、能耗管理等现代物联网技术,实现粮库仓储、人员、车辆、设施、环境、能耗等状态信息的实时感知管控,打造粮库多要素关联的感知共享平台。

9.1.1 粮食溯源子系统

在原有的功能基础上,增加粮食溯源子系统。结合目前业内呼声很高的"识别代码"技术和二维码技术,实现粮食的溯源,帮助老百姓打造一条"田间到餐桌"的食品安全通道。

粮食识别代码、库存粮食可追溯,是国家粮食局对信息化试点城市(苏州、无锡)的要求,要全力配合国家粮食局搞好库存粮食识别代码试点,探索粮食库存可追溯动态监管,通过原粮识别码和成品粮油二维码绑定实现粮食数据信息的联通上传（统一的编码规则、发码器，生成可识别的代码），最终探索并建立从"田间到餐桌"的质量追溯体系（生产+储藏+加工+运输+流通）。具体实现手段是采用识别代码定位技术，以粮食货位为基本定位单位，记录包括从收购入库并形成稳定货位进入仓储环节，直至出库进入加工环节的流通情况，在整个过程中，采用具备丰富信息的唯一标识。

质量信息追溯时，如需查询某批粮食的自然属性、业务属性时（如：品种、产地、质量等级、性质、业务号等），仅需从识别代码中的"根代码"和"当前码"中直接读取相关信息。更详细的关联信息可通过识别代码，在分仓保管账、储备专卡、库内质检单、第三方质检报告中索引查找，也可在随码上传后形成的分级数据平台中查询。

识别代码适用于从粮食入仓至销售出库至加工车间各环节的有效监管与追溯，其基础功能如下：

（1）反映库存统计数据的真实性。

（2）为粮食库存的监督检查提供可靠的数据支撑，改变现有分解等统计方式带来的重复工作和人力物力的消耗，力求更加准确。

（3）逐步实现覆盖收购、储藏、加工、运输、零售的粮食行业全产业链条的质量可追溯。

（4）为消费者提供粮食的出生证明，将来为物联网应用追踪粮食流向提供基础。

9.1.2 设施设备智能改造

对仓储库房内的空调、通风等用电设备进行智能改造，加装智能电表，按照统一接口规范，支持自动计量和远程管控。通过各种报表灵活方便地查询、收集各类数据，同时，系统可以与上一级的粮库动态平台、统计报表平台进行实时无缝的数据衔接，通过互联网为各级粮食主管部门提供数据决策分析，为实现大数据的目标奠定基础。

（1）实现目标

通过在各个仓库、廒间、设备加装电能测量器，统一管理粮库用电。可精确查询到当前哪个库、哪个廒间、哪个设备的当前累计用电量，以便于可更改日常使用策略，达到节能环保的目标。

（2）实现原理

在需要监控的线路前加装电能测量器（每个电能测量器有自己的设备号）来

测量此线路的电能,再通过前端智能采集终端(每个终端有自己的设备号),可定时自动采集上传,也可以通过平台实时查询;平台可通过电能使用过度报警、策略模型分析来引导用户日常使用策略,达到节能环保的目的。

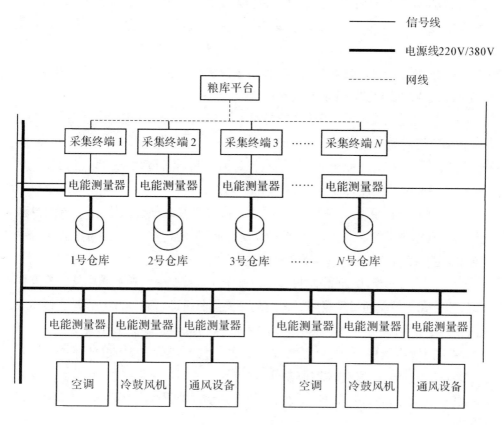

图 9-1　粮库设施设备智能化改造示意图

9.1.3　新一代粮情测控系统

　　针对地方储备粮库自身实际而开发的一套工业自动化技术集成控制系统,遵循工业系统基本程序,利用工业化控制方法高度融合粮食行业常规的机械通风控制系统、环流熏蒸控制系统、空调控温控制系统、粮情测控控制系统及库区视频安防系统。通过建立一个高效的智能化平台,对库区所有窗户、风机、空调、熏蒸环流机及摄像头进行室内控制、集中控制、智能一体化控制,系统依据《粮油储藏技术规范》、《环流熏蒸技术规程》、《机械通风技术规程》等粮食行业专业技术性标准对系统控制原则及程序进行设计，力求系统高效率地执行各项储粮技术方案。

通过各种专业传感器集成的智能控制系统，采用物联网技术与智能控制技术相结合，根据监测数据对粮仓内的仓窗、空调、冷谷机等设备进行远程控制，智能安排粮仓的通风、冷却等，确保粮食仓储安全，也在一定程度上保障了粮库工作人员的人身安全。

新一代粮情测控系统主要包括机械通风模块、空调控温模块、环流熏蒸模块、粮情监测模块和视频安防模块五大部分。

（1）机械通风模块：该模块主要是对窗户和风机等设备进行在线自动控制，从而调节库房的通风情况，通风运行方式支持手动通风、定时通风以及基于专家系统的智能通风。系统在通风的同时通过传感器监测雨水和库房的湿度情况，在发现下雨或者库房湿度过大时，则自动切断通风过程。

（2）空调控温模块：该模块和机械通风模块类似，可通过对廒间空调的自动控制实现仓库温度的调节，该模块既能现场控制，又能远程控制，运行方式支持手动控制、定时控制以及基于专家系统的智能控制。

（3）环流熏蒸模块：该模块可实现对整个库区熏蒸环流机的集中统一管理控制，具体方式是可以通过现场或远程控制环流熏蒸机运行时间和方式等。该模块还具备昆虫监测端口、气体检测端口，支持远程数字测毒和仓外测虫。

（4）粮情监测模块：在传统粮情测控系统的基础上，增加粮食害虫监测功能、增加仓内氧气、二氧化碳监测功能、增加磷化氢气体监测功能，该系统可支持本地和远程操作，将采集的各类数据上传至粮食云数据中心，可以进行本地和远程数据分析。

（5）视频安防模块：主要通过各种类型摄像头的集中管控、视频采集和分析处理，对粮食业务的重要区域进行安防监测，可实时监控核心部位的运行状态及安全状况。

9.2 云终端服务系统

应用云桌面和云服务技术，将传统 PC 替换为在数据中心的服务器上运行的虚拟桌面，粮库运维人员可以以集中的方式管理和维护所有桌面环境，使得粮库管理人员或卖粮人员能够从任何位置访问自己的个性化桌面。通过这种方式极大地提高灵活性、缩短响应时间并减少运维成本。由于数据都集中到数据中心端，因此应用终端可以采用一体化的设计,无软驱、无光驱、无硬盘,基本无需维护和升级。软硬件稳定可靠,大大降低了维护工作量。

由于粮食系统涉及面广、业务涉及从生产到消费的所有环节,因此存在数据结构复杂,类型繁多的特点,粮食系统数据的存管一体化服务是关键技术点之一。因此要考虑建立数据存储和数据处理兼顾的粮食云终端服务系统,通过该平台实现对海量粮食数据的存储以及处理,并提供粮食数据云服务。不论是普通用户还是粮库及粮食管理部门工作人员都可以从云平台上获取他们所需要的服务。在设计存管一体的存储系统时,要从两个方面考虑,首先应分析所支持的各种业务及配套的支撑系统对存储容量、性能的需求,其次要分析接受、查询、统计分析、信息上报或发布等多种服务器对存储系统共享访问和接口一体化。

9.3 大数据分析预测系统

研究基于大数据的粮食信息挖掘与决策支持方法。通过对粮食流通统计系统、粮食银行系统、粮食业务平台、粮食物流平台、省各级储备粮管理系统等现有平台的数据进行提取和分析,结合国际粮食市场行情,研究制定建立数据分析与挖掘模型、实现模拟决策过程和方案的环境,为领导快速决策提供方法支持。

"民以食为天",粮食系统必须要做到提前分析和预测,防患于未然。通过颗粒度更低、智能化更高、覆盖程度更高、协同性更好的粮食物联网来长期积累各类监测数据,采用高维海量数据的关联性分析和智能挖掘,通过大数据分析预测技术,分析和预测粮情趋势、重点地区粮情变化监测和预测、区域性整体粮情安全预测和生态粮情质量关联性分析等,从中发现并预测粮情的变化规律和趋势。图9-2～图9-4为各类粮食数据的分析、预测图。

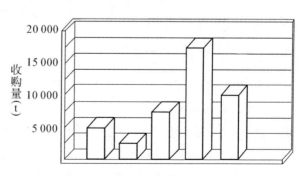

图9-2 粮食收购统计分析示意图

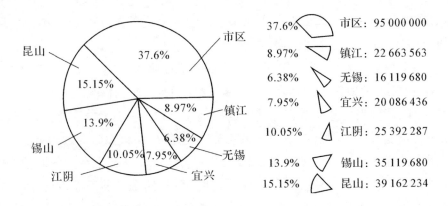

图 9-3　各地粮库粮食库存统计分析示意图

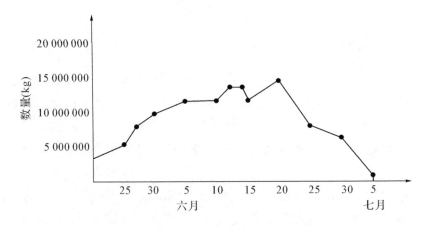

图 9-4　粮食收购预测示意图

9.4　智慧粮食应用系统

为便于在统一的平台上对粮食信息进行实时监控,围绕粮库的粮食收购、仓储、流转、调度及粮库办公自动化等具体业务,构建粮库集成业务平台,支持所有粮库人员办公应用,大大提高了粮库人员的工作效率。围绕省、市、区县各级粮食主管部门的功能需求,构建粮食集成管理平台,支持各级管理人员办公需求,实现主管部门对所属粮库各类信息的远程实时监控、对粮库资源动态掌握和科学制定计划。

1)粮食出入库智能化子系统

在原来快速收纳系统的基础上增加粮食质量指标、品质指标、药物残留指标等方面的快速自动化检测仪器的配备,检测出的数据通过"智能接口"直接传入系统并显示出来,不用人工去识别和录入,便于企业相关工作环节自动调用,而且节省了人力。

2) 粮食流通动态管理子系统

实现粮食的收储管理,包括出入库管理、扦样管理、称重管理、出入仓管理等。便于更好地管理粮食数据,可将分散独立的基层数据进行汇总统计,实现省、市级粮食数据的集中管理。实现集化验、检斤、业务结算、统计报表、形态管理、领导查询、领导审批管理等功能为一体,形成一套完整的粮食流通动态管理系统。

3) 储备粮远程监管子系统

(1) 计划管理:承储企业可根据储备粮管理要求和经营情况,向省粮食局提出储备粮业务申请。在承储企业内部审批通过并加盖公章后,上报给省粮食局进行审批。承储企业可接受并查看省粮食局下发给本机构的计划信息。省粮食局可对承储企业上报的储备粮业务申请进行批复处理。省粮食局可根据储备粮管理要求制定并下发储备粮业务计划,指导承储企业进行储备粮入库、出库、保管等业务。

(2) 轮换管理:查询各承储企业在发生储备粮轮换业务时,产生的架空期、架空量等信息。

(3) 纪检监察管理:对省储粮的轮换、质量、保管等重要环节进行动态实时监督,提升储备粮管理信息化监管水平。实时查询正在执行的储备粮业务,查看业务执行节点并可查询各环节的审批处理意见,达到预警纠错、督查督办、回复及相关辅助功能。

(4) 粮情检测管理:查询承储企业各仓房的粮情粮温情况,并以三维建模的方式,立体展示仓内各个测温点的温度情况,并能查询粮仓三温的变化趋势情况。

(5) 统计管理:使用报表工具,对承储企业的储备粮业务情况进行综合查询。

(6) 费用核算管理:核算各承储企业在发生省储备粮轮换业务时,发生的保管费、轮换费及利息补贴。

(7) 质检报告管理:省质检所在接收到承储企业的送检数据后,根据实物检验结果填写质检结果。省质检所对质检结果在内部通过审批并加盖公章后,生成质检报告单。省粮食局和承储企业均可查询质检报告单。

(8) 签章管理:利用图像处理技术将电子签名操作转化为与纸质文件盖章操作相同的可视效果,同时利用电子签名技术保障电子信息的真实性和完整性以及签名人的不可否认性。

(9) 查询管理:对省储粮的承储企业的分布情况进行查询;结合地理实景对

各承储企业的库区的全景图进行查询；结合承储企业库区地理实景，查询视频监控摄像头在库区内的分布情况，并可查看各摄像头的视频信息。

（10）决策分析管理：采用报表工具对储备粮业务数据进行汇总分析，并以图表的方式展现，为决策分析提供数据依据，主要实现仓容分析、库存分析、出入库查询、粮情粮温分析、轮换预测预警、储备规模统计。

4）粮食仓储管理应用子系统

（1）粮油保管账：对粮油出入库记录、冲补账记录进行管理，对粮油仓储的保管账、统计账进行电子化管理。

（2）仓储作业管理：对粮油仓储过程中的粮情（温度、水分、湿度、虫害等）、通风、熏蒸等作业记录进行管理。

（3）仓储设施备案管理：对粮油仓储企业的仓房、油罐、烘干塔、汽车衡等仓储设施进行管理，包括仓储设施的基本信息、状态信息和当前存粮信息等。

（4）作业调度管理：为粮油仓储企业内的作业调度安排提供信息化支撑。包括作业任务管理、作业调度安排、作业进度跟踪、作业记录查询等功能。粮油仓储企业内的作业包括粮油出入库、倒仓、中转等业务种类，涉及入库、合同审查、质量检验、称重、筒仓作业等多个环节。作业调度管理可以与自动化作业系统进行对接，实现作业过程自动化。

（5）药剂熏蒸备案管理：实现储粮化学药剂的购买计划、入库、提货、退回、货位卡管理、销毁审批等流程管理。

（6）业务报表管理：包括库存总账、明细账、待转储备粮油库存报表，不同储备性质的粮油月报表，仓储基础设施报表。

5）原粮质量安全追溯子系统

（1）质量数据管理：提供粮食质量安全检测数据，品质测报、质量调查、卫生监测分析，设立专家咨询，就相关疑难问题进行解答，并设置粮食质量追溯功能。

（2）检验管理：实现粮油检验设备与计算机连接，或采用具有网络功能的检测仪器和设备，实现检验结果的自动录入、上报及判别。

（3）质量追溯管理：通过对产品信息的采集，实现产品订单号到产品生产批次号及装配物料批号的全面贯通，进而实现产品追溯信息的动态查询。

（4）查询管理：提供粮食质量安全方面的信息查询、检索功能。

6）粮库能耗管理子系统

基于绿色低碳理念的能耗管理子系统是库区集约应用的重要基础，它是以计算机控制管理为核心,把具有信息感知、传输、控制能力的智能设备应用于粮库内电力(空调)、照明、水等系统,实现库区设施设备的数据采集与分析、在线监测与远程管控,达到安全、节能、经济的目标。

7)粮库 OA 子系统

实现粮库内各种行政管理功能,如人员请销假管理、文件传达等功能,OA 系统中还包含有即时通讯模块,库内工作人员可以实时通过语音或文本进行交流,有效地提高了工作效率。

8)粮库 ERP 子系统

将原有的办公自动化系统升级成集供应链管理、财务管理、商业分析、移动商务、集成接口及行业插件等业务管理组件为一体,以成本管理为目标,计划与流程控制为主线,通过对成本目标及责任进行考核激励,推动管理者应用 ERP 等先进的管理模式和工具,建立企业人、财、物、产、供、销科学完整的管理体系。

(1)在粮库的信息化建设中真正引入先进的经营管理模式

简单地将传统的管理方式搬进计算机、搬上网络,不是粮食流通市场化所需要的信息化管理模式。只有用信息技术改变传统的计量、统计方法,将事后管理变为实时管理、过程管理,使粮库的出入库数据做到唯一性和实时性,才能保证储备粮管理条例的完整落实,各级粮食主管部门才能对各级储备粮进行动态管理,并及时掌握粮库的运转动态和执行指令的情况,粮食储备库才能对市场作出快速响应,粮库的管理水平和劳动生产率才能真正提高。

粮食储备库的信息化建设必须强化基础管理,加强企业规范化、标准化建设,确保各项标准的先进性和科学性,真正让信息化深入到粮库的日常工作中去。任何好的信息管理系统必须通过转变企业管理理念、规范基础管理才能发挥作用,软件系统只是一种智能化的工具,信息化管理=信息系统+管理。粮库必须明确自己的管理目标,彻底改变传统的管理理念,了解信息化管理的要求,才能有效地开展粮库的信息化建设。

(2)粮库 ERP 系统

ERP 是 Enterprise Resource Planning(企业资源计划)的简称,它是将物资资源管理(物流)、人力资源管理(人流)、财务资源管理(财流)、信息资源管理(信息流)集成为一体的企业管理软件。

(3)粮库 ERP 的流程图

粮库 ERP 系统应涵盖粮食企业包括人、财、物、购、销、存在内的全部业务和信息资源，实现管控一体化，能对粮库既有的粮情、熏蒸、谷冷、通风、整晒等作业进行有效监测和控制，同时结合"电子商务"和"企业银行"等先进技术，能无缝链接财务软件、粮情测控、地磅、电子监控等软件系统，构成一个反馈作用强大的粮食闭环管理系统，使企业对计调、收购、仓储、销售的全过程实行有效控制。

粮仓在出库作业前需要制定出出库方案，落实粮食出库及运输等协调接洽工作，政策性粮食由购销科开具出库通知单，企业按照出库通知单的数量、质量出库。

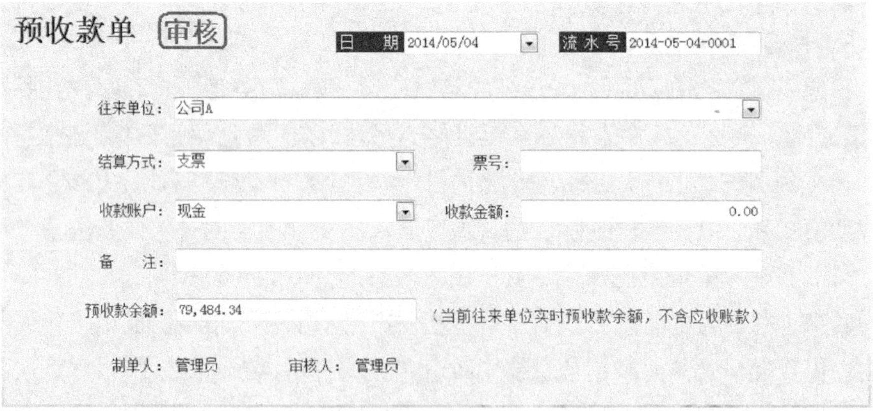

图9-5 粮食预收款单示意图

根据预收款制定出库计划，安排计划仓库、粮食性质、粮食品种、出库数量、出库单价、出库金额和提货截止日期。并由审核人进行审核，无误后进行粮车出库操作。

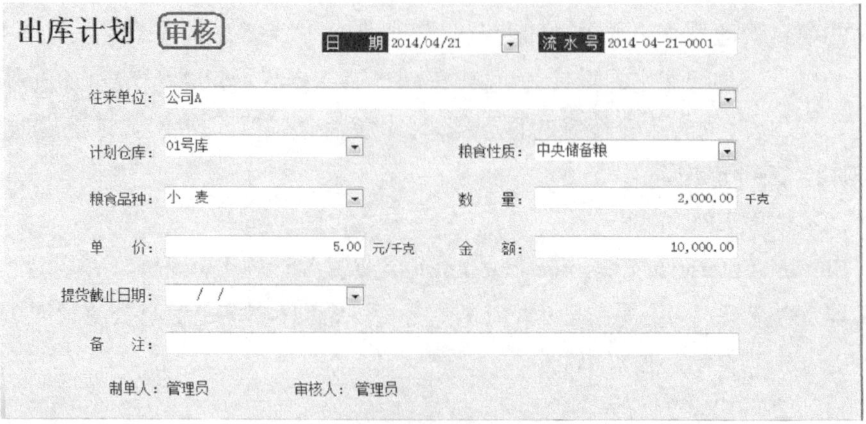

图9-6 粮食出库计划单示意图

粮车前来装货时，首先需要在报港处报港。报港人员核对车主的信息无误后，使用报港出库功能对车主的详细信息进行录入并输入出库质检信息。

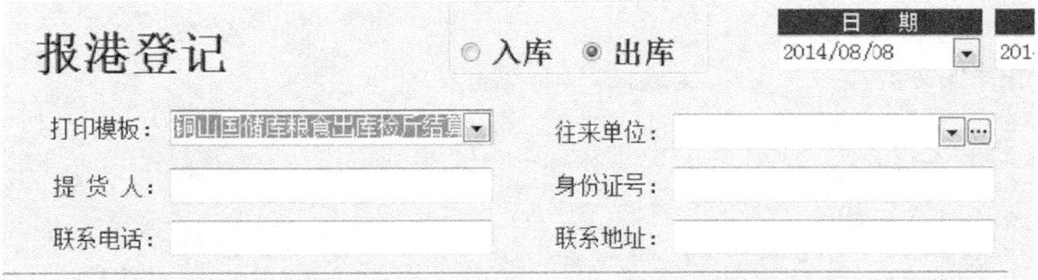

图 9-7　粮食报港登记单示意图

对于完成过登录报港的车主，可以通过【查找身份证信息】功能搜索出该车主的信息，节省了登记的时间。通过索引姓名中的首字母、联系电话中的数字、身份证中的数字进行搜索。然后，对车辆进行扫描二维码（RFID）和称皮重。车辆称重完成后，前往指定的出库仓库进行装货。保管员使用手机上的出入库软件扫描二维码，获取到出库的详细信息，现场的保管员可随时对粮食情况进行监管。

图 9-8　粮食出库单示意图

车辆在完成称毛重后,即可离开粮库。

粮库操作人员可以查看该往来单位的每一笔出库单详情,根据出库计划,对出库结算单进行最后的结算。

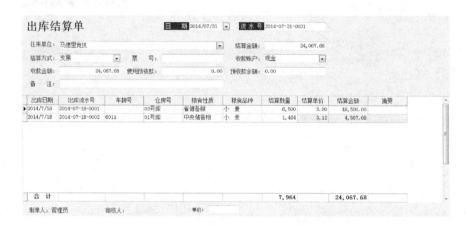

图9-9 粮食出库结算单示意图

到此,出库操作全部完成,每一笔出库详情都可以通过系统查看细节。如果出现问题,可以根据ERP系统的查看报表信息进行数据的核对和验证,找到错误之处。另外,ERP系统还具有丰富的报表查询功能。

10 "互联网+"时代智慧粮食的思考

"互联网+"对传统粮食流通方式的转变,首先就是对思维方式的转变,习主席提出"重视互联网思维"重大理念,把网络思维进一步提高到战略高度,需要深入分析"互联网+"对粮食信息化产生的巨大影响,主动转变观念,合理确定建设方向,推动网络化思维理念在粮食行业落地生根,为"互联网+"在粮食领域全面应用和效益倍增打下思想基础。同时,智慧粮食是未来粮食信息化建设发展的必然趋势,在建设现代粮食流通产业中占有重要的地位。本章从如何更好更快地推进智慧粮食建设的角度对全书的内容进行了总结,并畅想未来智慧粮食的场景。

10.1 智慧粮食必将引起粮食行业的新变革

粮食物联网和电子商务、电子政务、网络服务及粮食业务互相促进,共同发展。粮食物联网技术促进了粮食流通信息化的发展。智慧粮食推动了粮食发展的规模化、精准化、现代化的步伐。智慧粮食成为国家宏观调控的重要方式,保证了国家粮食安全。

管理者利用文本、表格、图形,甚至包括地图在内的多种方式,发现粮食信息化建设中存在的关联关系,致力于创建以直观方式传达抽象信息的方法,使粮食管理者能够观察、目睹、探索以至于立刻理解大量的信息。

数字粮食项目升级到智慧化后,以"信息基础设施先进、信息资源开发利用合理、数据分析挖掘决策科学"为主要目标,通过打牢发展基础、构建完备体系、支撑现代粮食、提升安全效能等主要措施实现粮食流通信息化。

(1)打牢发展基础。立足粮食安全手段信息化,大力加强信息化建设理论、法规制度、机构力量等支撑环境建设,配套完善智能装置、工控网络、数据中心等信息化设施设备,夯实粮食智慧化建设发展基础。

(2)构建完备体系。着眼粮食智慧化能力需求,融合各要素、单元、力量和资源,建立粮食信息系统体系、信息资源体系、信息化设备体系和信息化标准体系,加快转变粮食安全保障力生成模式。

(3)支撑现代粮食。围绕精确化、数字化、高效化的现代粮食建设目标任务,综合应用自动控制、智能识别和大数据技术,稳步开展数字粮食建设,对粮食实施数字化管理监控,切实增强流通信息化粮食的能力。

(4)提升安全效能。按照粮食安全需求,抓好数字粮食信息系统升级改造,推进数据中心、综合集成和设施设备信息化建设,实现需求实时可知、资源实时可视、过程实时可控,不断提高智慧粮食建设安全效能。

10.1.1 智慧粮食在粮食行业中的地位

1)创新理念开创的推动者

智慧粮食能够促进粮食企业的组织制度、经营理念和管理水平创新。粮食企业实施信息化的过程,也是引进粮食现代化理念的过程,通过信息集成技术、智能技术、物联网技术等改造提升生产控制系统,带动生产方式的创新;通过使用信息网络技术使得企业管理信息系统和资源管理系统的管理能力和辅助决策能力得到提升,带动成本管理、财务管理、基础设施管理和信息管理的创新;通过信息化手段提高企业工艺水平和技术开发流程的效率,带动开发设计手段创新;构建电子商务平台和企业信息门户,通过电子商务技术改造企业采购销售体系和物流系统,带动供应链管理创新,以促进电子商务和企业管理的融合、集成和跨越式发展。粮食企业的制度创新是指粮食企业在现有的生产和生活环境条件下为适应信息化社会经济的发展与进步、宏观经济和市场环境的变化,通过创设新的、能有效激励人们行为的制度、规范体系来实现企业的持续发展,而进行的制度要素的新组合。粮食企业在对相关设施进行信息化改造的过程中,需要进行业务流程的重组,对旧的运行机制进行改革。主要借助信息化改造,按照供应链、产业链、价值链、物流、商流、资金流、信息流优化控制及信息经济的要求,进行粮食企业的制度创新,加快粮食企业制度革新进程。信息化建设使管理信息的下达和获取尽可能减少中间层级,形成一个扁平化的组织结构模式,实现专业化、规模化经营,最大限度地提高粮食流通效率,实现粮食物流企业的组织创新。

2)智慧粮食助力绿色发展

打造智慧粮食应用管理平台,需大力建设精准的粮食生产管理系统、粮食质量溯源系统、粮情专家服务系统、粮食网上交易平台、粮食信息共享系统、粮食物流配送系统、粮食信息推送系统等多个系统。平台建设的主要目标有：①保障粮食食品安全的需求，在农户储粮、绿色储运、清洁加工、智能仓储等各环节提升管理和检测水平；②满足"低碳经济"的需要，通过新兴技术改造，淘汰落后产能，提高粮食流通效率；③按照培育新产业增长点的要求，加强信息技术、传感器技术、智能控制技术、生物技术等一系列高新技术在粮食储藏、物流、加工、检测等流通环节的应用开发，促进交叉学科的技术融合，培育新兴产业。未来，围绕平台建立起来的"绿色产业链"将让智慧粮食朝着绿色可持续的方向迈进。

3）传统粮食转型的催化剂

智慧粮食的建设是"物联网"向农业方向发展的具体体现，而农业物联网的巨大需求也为智慧粮食的建设指明了方向。粮食是人类的生存之本，粮食信息化更是新时期农业发展的一项重要任务，是实现国计民生的大事。通过信息技术改造传统粮食、装备现代粮食，通过信息服务实现粮食生产与市场经营的对接，已成为粮食发展的一项重要任务。

在传统粮食生产中，主要通过人工测量的方式获取农田信息，接收信息的方式比较单一，且获取过程需要耗费大量的人力。而在智慧粮食应用中，通过使用无线传感网络，可有效减少对农田环境的影响，降低人力消耗，同时获取精确的粮食数据与粮食生产环境的信息。在智慧粮食中，通过各类传感器采集信息，可以准确地捕捉发生问题的位置，以帮助管理者及时发现问题。通过这种方式，大量利用各种自动化、智能化、远程控制的生产设备，粮食产业逐渐从以往以人力为中心、依赖于孤立机械的生产模式转向以信息和软件为中心的生产模式，从而促进了粮食发展方式的转变。

10.1.2 实现"互联网＋智慧粮食"的途径

粮食"互联网＋"建设是一项综合体系工程，需要以粮食安全保障为牵引，以技术创新为动力，以重点项目为抓手，以创建信息支撑环境为保障，立足现实、着眼发展，整体筹划、突出重点，确保建设发展的实效。

（1）统建、统管是前提。①统一建设标准。粮食"互联网＋"建设就是运用信息技术把粮食各专业、各领域进行统合，是在国家粮食局总体建设框架内进行的应用开发，是粮食数据资源的再利用、再延伸，要严格按照国家粮食局制定的数据建设规划和标准，坚决不让"互联网＋"成为新的信息烟囱和孤岛。②统一体系构架。以"云、网、端"为基本体系，各业务部门在统一的体系下进行功能完善和末端延伸,不再新增保障平台和感知终端,坚持滚动发展,不断完善系统功能。③统一软件服务。由云平台统一进行数据资源采集和获取,以相同的软件界面为粮食流通实体提供服务,改变以往不同专业配备不同终端,服务软件各不相同,需要反复培训的现状。

（2）末端建设是基础。智能保障终端和服务信息系统是智慧粮食向末端延伸的基础,也是数据采集的根基,可根据需要进行再改进、再拓展。①坚固耐用、方便携带。智能保障终端作为保障设备,需要具有良好的防水、防尘、防摔和便携性能。②界面友好、操作简单。操作简单、数据提报方便是对保障终端的基本要求,可采取类似淘宝网的树状结构,设计人性化的软件界面,按需分类进入,让农户愿意用、喜欢用。③功能齐全、扩展灵活。综合考虑使用需求,采取"一机走天下"的模式,在设备故障、情况紧急的环境下,能够快速发出数据信息,具备灵活通用的数据接口,方便与其他设备的通信传输和感知设备对接。

（3）融合、集成是关键。粮食"互联网+"涉及的领域很广,需要对现有的信息网络、信息系统和数据资源进行融合。①多网融合。"网络一小步,应用一大步",现行的多网并存的格局不利于"互联网+"在粮食领域的应用,需要对现有网络进行融合,形成一张联通后勤末梢的网,支撑起粮食的管理链、服务链和保障链。②数据整合。以省级数据中心为核心,按照国家粮食局明确的数据标准区分粮食基础、业务、交换、主题、决策5大类数据库,建成物理上分散、逻辑上集中的分布式粮食数据体系。③系统集成。采取挂接集成、系统集成和综合集成相结合的方式,先把相关的系统集成到同一个平台上,使业务协同起来、流程贯通起来、数据流动起来,其后,逐步打破专业界限、再造业务流程、共享信息资源,形成一个"你中有我、我中有你"的新系统,对粮食安全保障急用。急需的信息系统直接进行融合集成。

（4）数据安全是保证。粮食"互联网+"建设涉及多部门、多领域,部分信息传输依托无线网络,信息安全建设既是底线建设,也是堡垒建设。①终端身份认证。拓展开发身份认证管控系统,区分不同单位层级、不同业务领域的人员身份,划分不同密级数据,由各数据主管部门严格控制数据访问权限,对所有访问用户进行身份认证,并记录访问路径和操作日志。②数据按权使用。遵循国家安全认证体制,科学划分粮食信息资源等级和用户权限,明确各部门提供、整编、分发、使用信息的权利义务,统一现有各业务部门保密设备标准,明确跨网数据交互机制,满足各级机构跨域动态访问需求。

10.1.3 智慧粮食建设的预期成效

（1）粮食流通管理信息的真实性和时效性得到保障。从数据的源头自动采集过程数据，自动汇总形成报表，避免人工逐级汇总上报所造成的数据不真实和难以追溯等情况，将物流、信息流和资金流融为一体，大大缩短了"账账相符""账实相符"的财务、统计、仓储台账数据报送时间。

（2）提升管理水平，实现管理规范化。制定的标准规范通过信息化技术将规范的业务流程进行固化，形成自上而下的协同一致。

（3）为国家粮食宏观调控提供有力保障。为国家相关部门提供及时准确的中储粮管理数据，有利于科学制定中长期粮食宏观调控政策，有利于国家宏观调控部门有效利用储备粮调节市场、稳定粮价。

（4）增强粮食管理部门的监管能力。通过提高信息采集的自动化程度、信息处理能力和传递速度，有效解决粮情监管过程中的"时空"障碍，增强粮食管理部门的远程控制能力。通过远程实时查询会计核算数据、实时监控仓储库轮换数据，以"过程控制"方式替代原有的"事后审核"方式，有效防范和控制监管过程中存在的风险。

（5）增强资金管理能力、提高经济效益。财政补贴资金实现当年清算，提高资金使用率。通过集中财务管理系统可清楚掌握各项资金走向，防止挪用。

（6）实现粮库信息的集中管理能够大幅提升粮库管理的信息化水平，真正实现粮库与管理系统的无缝连接。通过出入库管理系统、智能仓储保管系统、远程实时监管等信息系统，对粮库各项作业过程和仓储情况进行实时、快速、准确的采集，精准控制作业流程，如：粮食报港、扦样、化验、称重等，有效避免"人情粮""转圈粮""舞弊粮"等现象的发生。此外，该系统能够实现粮库业务管理系统、作业控制系统与粮库安防系统、粮情监控系统、熏蒸系统、通风系统、DCS 系统等子系统的大集成，以及粮库业务、财务、税务、农发行封闭资金管理的一体化。不仅能够帮助粮食管理部门有效减少管理层次，降低管理成本，还能够大幅提升管理效率。

10.2 智慧粮食的发展方向及未来畅想

10.2.1 智慧粮食的发展方向

1）推广信息技术，带动粮食产业现代化

发展基于物联网技术的现代粮食流通体系。加大物联网等信息化技术在粮食宏观调控中的应用，在粮食收购、品质检测、储粮环境监测与控制、库存品质监管、有害物质和虫情防控等方面，加大物联网技术研发。开展对快速收购检测技术、在线清仓查库技术、粮油数量质量在线监测技术等的开发集成与示范。研发感知粮食温度、湿度、品质、数量和粮堆中气体、真菌、害虫的图像的粮食专用传感器，利用专用传感器技术、无线网络技术和信息融合技术，逐步实现对粮食仓储信息的智能化监控。加大 RFID、全球定位系统、地理信息系统等技术在粮食流通领域的应用。在重点区域开展粮食物流信息采集、追溯技术、公共物流信息平台的应用示范，实现粮食物流的信息资源共享，构建统筹、协调、高效和有序的现代粮食流通体系。

2）推广节能减排技术，改造粮食传统产业低碳化

加大节能减排低碳技术的研究和推广。研发储藏、干燥等方面的绿色、节能、降耗新技术。开展能源优化利用、传热传质模型、智能化设计及水热控制分析技术研究，大幅提高粮食干燥机热能效率。以企业为主体，大力推广高效的保温技术、能源梯级利用技术、余热回收利用技术、烘干工艺改进、烘干热源改造、烟气、污水处理技术。推广"四散"化运输，以提高效率方式节省运输能耗。开展地源水源热泵、浅层地能、太阳能、自然低温的控温储藏技术研究。通过应用、推广综合利用技术，逐步淘汰污染大、效能低的工艺和设备。

3）推动先进制造技术，改造粮食设施设备智能化

开发装备智能控制和在线监测技术。实现对粮库出入库管理、智能仓储保管、实时远程监管系统研制，包括自动称重一体化控制设备、复合频段 RFID 标签设备、低温储粮控制设备、智能通风控制设备、粮食仓储物联网网关设备，实现以综合粮情检测与大数据分析、多传感器数据融合、库内质量安全追溯等多项关键技术为核心的应用集成，提升粮库的自动化作业能力、在线监测与远程管控等能力，有效解决粮库自动化程度低、出入库效率低、运维成本高、粮食数量与质量在线检测难等技术问题，为攻克"人情粮""舞弊粮""转圈粮"等行业难题提供有力的技术支撑。

4）培育生物技术，促进可持续发展

推动生物技术应用，研究绿色储粮技术体系。从有害生物特性基础研究入手，开展绿色储粮、有害物质防控和消减技术的研究。开展生态环境、温度与粮食品质关系研究，实现对粮食真菌、害虫的实时监测。注重和培育绿色储粮生物技术的产业化应用，以及低温储粮技术的集成示范。开发可替代化学物的高效菌株、酶制剂技术，通过生物技术实现加工副产品的综合利用。

10.2.2 智慧粮食的未来畅想

1）未来畅想场景一：粮食品质"纳米传感器"

开发粮食品质"纳米传感器"有望为粮食问题作出贡献。英国环境、食品和农村事务大臣希拉里·本在 2009 年表示，纳米技术将具有"真正的潜力"帮助满足人口快速增长的世界对粮食的需求，它不仅能使包装食品的保存时间大大延长，还能促进作物的生长。

2）未来畅想场景二：粮食作物"智能微芯片"

科学家研制的智能芯片将使农作物"渴"了会"呼叫"。据国外媒体报道，当你把胡萝卜从地里拔出来时，它不会尖叫，但高新技术可让粮食作物发出"声音"。美国科罗拉多大学的科学家日前研制出智能微芯片，可置于粮食作物的叶片上，当粮食作物需要水时，会向农户的手机发送需求信息，采用此法可省水省时，每年还能为农户节省几千美元。

3）未来畅想场景三：粮食颗粒"重力微感应"

在农田收割、粮袋运输、粮仓进出库时，经常出现收割有残留，运输有剩余，出入量减少等粮食颗粒的浪费现象。未来将在粮粒中安置重力微感应器，使得米粒在被遗落时或与周围其他粮粒构建的网络遭受严重破坏时发出声音，提醒管理人员"我被落下了"，真正实现让每一粒米开口说话。

附 录
Appendix

缩略语对照表（按首字母排序）

CA	Certificate Authority	认证机构
CAE	Computer Aided Engineering	计算机辅助工程
CDMA	Code Division Multiple Access	码分多址
CRM	Computer Relationship Management	客户关系管理
DBMS	Database Management System	数据库管理系统
DCS	Distributed Control System	分散控制系统
DDL	Data Definition Language	数据库模式定义语言
DDOS	Distributed Denial of Service	分布式拒绝服务
DG	Digital Grain	数字粮食
DML	Data Manipulation Language	数据操纵语言
DNS	Domain Name System	域名系统
DOS	Denial of Service	拒绝服务
DPS	Digital Photogrammetry System	数字摄影测量系统
EPC	Electronic Product Code	产品电子代码
ERP	Enterprise Resource Planning	企业资源计划
ES	Expert System	专家系统
ESB	Enterprise Service Bus	企业服务总线
ETL	Extraction Transformation Loading	数据提取、转换和加载

续表

GIS	Geographic Information System	地理信息系统
GPS	Global Position System	全球定位系统
GPRS	General Packet Radio Service	通用分组无线服务
GSM	Global System for Mobile Communications	全球移动通信系统
GPT	General Purpose Technology	通用目的技术
HMI	Human Machine Interface	人机接口
HTML	Hyper Text Mark-up Language	超文本标记语言
IaaS	Infrastructure as a Service	基础设施即服务
IAB	Internet Architecture Board	互联网结构委员会
LDAP	Lightweight Directory Access Protocol	轻量目录访问协议
IEC	International Electronmechanical Commission	国际电工委员会
IEEE	Institute of Electrical and Electronics Engeers	国际电子电子工程师协会
IETF	Internet Engneering Task Force	互联网工程任务组
IoT	Internet of Things	物联网
IP	Internet Protocol	网际协议
ISO	International Standardization Organization	国际标准化组织
IT	Information Technology	信息技术
ICT	Information Communication Technology	信息、通信技术
JDBC	Java Data Base Connectivity	Java 数据库连接
LAN	Local Area Network	局域网
MEMS	Micro Electro Mechanic System	微机电系统
MIS	Management Information System	管理信息系统
MVC	Model View Controller	模型视图控制器
NAT	Network Address Translation	网络地址转换
NGN	Next Generation Network	下一代网络

续 表

缩写	英文全称	中文名称
OA	Office Automation	虚拟办公室
OCR	Optical Character Recognition	光字符识别技术
ODBC	Open Database Connectivity	开发数据库互联
OPC	OLE for Process Control	用于过程控制的 OLE
PaaS	Platform as a Service	平台即服务
PDA	Personal Digital Assistant	掌上电脑
PKI	Public Key Infrastructure	公钥密码体制
PML	Physical Mark-up Language	物理标记语言
RFID	Radio Frequency Identification	射频识别
RS	Remote Sensing	遥感
SG	Smart Grain	智慧粮食
SaaS	Software as a Service	软件即服务
SAN	Storage Area Network	存储局域网
SCM	Supply Chain Management	供应链管理
SOA	Service Oriental Architecture	面向服务
TCP	Transmission Control Protocol	传输控制协议
TD-SCDMA	Time Division-Synchronous Code Division Multiple Access	时分同步码分多址
TMN	Telecommunication Management Network	电信管理网
UPS	Uninterruptible Power System	不间断电源
URL	Uniform/Universal Resource Locator	统一资源定位符
VOD	Video on Demand	视频点播
VPN	Virtual Private Network	虚拟专用网
VR	Virtual Reality Technology	虚拟现实技术
V-STARS	Video-Simultaneous Triangulation and Resection System	数字近景摄影三坐标测量系统
W3C	World Wide Web Consortium	WWW 国际联盟

续　表

WAPI	Wireless LAN Authentication and Privacy Infrastructure	无线局域网鉴别和保密基础结构
Wi-Fi	Wireless Fidelity	无线保真
WLAN	Wireless Local Area Network	无线局域网
WSDL	Web Services Description Language	Web 服务描述语言
WSN	Wireless Sensor Network	无线传感器网络
XML	Extensible Markup Language	可扩展标记语言

参考文献
References

［1］马化腾,张晓峰,杜军.互联网+国家战略行动路线图［M］.北京:中信出版社,2015

［2］钟殿舟.互联网思维［M］.北京:企业管理出版社,2014

［3］刘润.互联网+小米案例版.北京:北京联合出版社,2015

［4］曹磊,陈灿,郭勤贵,等.互联网+跨界与融合.北京:机械工业出版社,2015

［5］何明,江俊,陈晓虎,等.物联网技术及其安全性研究［J］.计算机安全,2011(4):49-52

［6］何明,郑翔,赖海光,等.云计算技术发展及应用探讨［J］.电信科学,2010,26(5):42-46

［7］雷蕾,何明.云计算技术及其安全性研究［J］.计算机安全,2010(4)

［8］何明,陈国华,梁文辉,等.物联网环境下云存储和隐私保护安全性研究［J］.计算机科学,2012(6)

［9］J A Byrne. 21 ideas for 21's century［J］. Business Week, 1999(8): 78-167

［10］Pala, Zeydin, Inanc, Nihat. Smart Parking Applications Using RFID Technology［C］. RFID Eurasia, 1st Annual, 2007

［11］Angel V, Peterchev. Digital Pulse——Width Modulation Control in Power Electronic Circuits. Theory and Applications, University of California, Berkeley, 2005

［12］Murali Kodialam, Lakshman T V. Minimum interference routing with applications to MPLS Traffic engineering［A］In: IEEE INFOCOM, 2000［c］, 2000

［13］P Bhaniramka, W Sun, R Jain. Quality of Service using Traffic Engineering over MPLS. An Analysis, 2000(9)

［14］刘强,崔莉,陈海明.物联网关键技术与应用［J］.计算机科学,2010,12(6):39-45

［15］余雷.基于RFID电子标签的物联网物流管理系统［J］.微计算机信息,2006,22(2):232-235

［16］Sandip Lahiri. RFID Field Guide: Deploying Radio Frequency Identification ystems. USA: Prentice Hall PTR, 2005

［17］Weinstein R. RFID: A Technical Overview and Its Application to the Enterprise. IT Professional, 2005

［18］中国物联网白皮书［R］.工业和信息化部电信研究院,2011

［19］L Atzori, A Iera, M Giacomo. The Internet of Things: A survey［J］. Computer Networks, 2010, 54:

2787-2805

[20] 朱洪波,杨龙祥,余全.物联网的技术思想与应用策略研究[J].通信学报,2010,11(11):2-5

[21] 李敏波,金祖旭,陈晨.射频识别在物品跟踪与追溯系统中的应用[J].计算机集成制造系统,2010,16(1):202-208

[22] Mark Endrei, Jenny Ang, Ali Arsnajani, et al. Patterns: Service-Oriented Architecture and Web Services. IBM, 2004

[23] 吕峻闽,缪春池,周启海,等.基于RFID和SCOR的物联网配送中心信息系统模型研究[J].计算机科学,2011(12):128-130

[24] 曹江涛,彭亚拉.建设基于供应链的食用农产品安全信息管理系统——全程保障粮食安全[J].粮食科学,2007(5):353-357

[25] 赵林度.零售企业粮食安全信息管理[M].北京:中国轻工业出版社,2008:189-190

[26] 张丽,余华,马新明.基于物联网的农产品质量安全信息系统平台[J].中国科学:信息科学,2010(40):216-223

[27] 石军."感知中国"促进中国物联网加速发展[J].通信管理与技术,2009(5):1-3

[28] 封松林,叶甜春.物联网/传感网发展之路初探[J].中国科学院院刊,2010,25(1):50-54

[29] 朱仲英.传感网与物联网的进展与趋势[J].微型电脑应用,2010,26(1):1-3

[30] 黄孝彬,毛培豪,唐浩源,等.物联网关键技术及其发展[J].电子科技,2011,24(12):129-132

[31] 胡永利,孙艳丰,尹宝才.物联网信息感知与交互技术[J].计算机学报,2012,35(6):1147-1163

[32] 马海晶.物联网感知技术探讨[J].制造业自动化,2011,33(11):76-78

[33] 邱小明.物联网体系结构及关键技术研究[J].电脑知识与技术,2011,07(28):6847-6849

[34] 程珊珊,朱景锋.物联网情景感知技术在智能仓储领域的应用展望[J].物联网技术,2012,(5):47-49

[35] 仲元昌,陈辉,丁漩,等.多天线RFID阅读器的多标签识别及其可靠性分析[J].高技术通讯,2011,21(11):1190-1195

[36] 陈竹西,胡孔法,陈峻,等.挖掘RFID数据库中多维频繁路径的研究[J].高技术通讯,2011,21(8):803-809

[37] 禄琳,刘凤山.基于物联网的农产品供应链管理研究[J].现代化农业,2012,(7):57-60

[38] 李军民,朱有志,曾福生,等.借鉴国外成功经验提升我国农产品供应链的管理能力[J].江苏农业科学,2007(2):54-57

[39] 王美舒.物联网在农产品电子商务中的应用[J].现代情报,2011,31(2):171-173

[40] 田苗,陈洪.基于RFID的电子商务的物流技术创新分析[J].商场现代,2006,4(464)

[41] 颜波,向伟,冉泽松,等.基于RFID的农产品物联网供应链信息共享[J].科技管理研究,2012,32(7):109-112

[42] Bohli J, Sorge C, Westhoff D. Initial observations on economics, pricing, and penetration of the internet of things market[J]. Computer Communication Review, 2009, 39(2):50-55

[43] 韩永峰,李学营,鄢新民,等.精准农业的技术体系及其在我国的发展现状[J].河北农业科学,2010,14(3):146-149

[44] 魏笑笑.基于 RFID 的物联网技术在农产品安全领域中的应用研究[J].安徽农业科学,2011,39(24):15150-15152

[45] 高帆.物联网在粮食产业链中的应用前景与问题探讨[J].粮食流通技术,2011(5):6-7

[46] 张成志,李其均.感知粮食——粮食物联网技术应用浅析[J].农业机械,2010(31):68-69

[47] 高红梅.物联网在农产品供应链管理中的应用[J].商业时代,2010(22):40-41

[48] 方丽.几种特殊情况下地储粮磷化氢熏蒸处理建议[J].垦殖与稻作,2003

[49] 朱丽.利用物联网技术的现代粮食物流跟踪设计[J].粮食流通技术,2010

[50] 杨庚.物联网安全特征与关键技术[J].南京邮电大学学报,2010

[51] 黄美芝.基于物联网的储粮粮情监测管理系统研究[J].浙江农业科学,2011

[52] 工信部电信研究院,等.物联网白皮书(2011)[J].中国公共安全,2012

[53] 周伦钢.基于 GIS 的粮食应急调度系统研究设计[J].电脑知识与技术,2011

[54] 林鹰.储备粮智能监管与稽核系统关键技术研究[D].天津大学,2008

[55] 孙小平.信息化技术在粮食仓储物流企业中的创新应用[J].粮食与食品工业,2009

[56] 张洪源.粮食物流信息化浅析[J].中国粮食经济,2011

[57] 姜媛.发展农业物联网加快农村信息化建设[J].科技信息,2012

[58] 沈笑莉.浙江省粮食安全预警系统研究与设计[D].浙江工商大学,2007

[59] 张彩霞.区域粮食安全预警评价指标体系研究[J].全国商情·理论研究,2010

[60] 冷淑莲.关于建立粮食安全预警应急机制的思考[J].价格月刊,2004

[61] 刘鹏.基于 UML-B/S 模式的粮食安全追溯 MIS 的设计与实现[J].中国粮油学报,2008

[62] 赵恒.山东省粮食局储备粮管理信息系统的分析与设计[D].山东大学,2008

[63] 高帆.物联网在粮食产业链中的应用前景与问题探讨[J].粮食流通技术,2011

[64] 张文敏.食品供应链中的食品安全保障体系研究[D].北京交通大学,2007

[65] 英国农业技术投资将焦点投向大数据.现代农业装备,2013(5):73

[66] 任正晓.在全国粮食流通工作会议上的报告.http://www.chinagrain.gov.cn/

[67] 李俭.以党的十八大精神为动力着力抓好粮食流通工作[J].中国粮食经济,2013,1:18-19

[68] 大力推进粮食行业信息化发展的指导意见.国家粮食局,2012,12

[69] 庞瑞帆,丁勇飞,等.地面战场传感器侦察系统及其发展概述[J].航空电子技术,2010,41(1):12-14

[70] 赵志军,沈强,唐晖,等.物联网架构和智能信息处理理论与关键技术[J].计算机科学,2011,38(8):1-8

[71] Sensor Standards Harmonization Working Group[EB/OL].http://marinemetadata.org,2010